Gian Maria Calonder

*Engadiner
Abgründe*

*Ein Mord für
Massimo Capaul*

Roman

Kampa

Alle Rechte vorbehalten
Copyright © 2018 by
Kampa Verlag AG, Zürich
www.kampaverlag.ch
Satz: pagina GmbH, Tübingen
Gesetzt aus der Stempel Garamond LT Pro
Druck und Bindung: Friedrich Pustet, Regensburg
Auch als E-Book erhältlich
ISBN 978 3 311 12003 2

I

Der Gasthof Zum Wassermann lag nicht weit vom Bahnhof Samedan, einem in die Jahre gekommenen Giebelhaus mit pickligem Rohputz, eingekeilt zwischen neueren Zweckbauten. Es sah aus, als wäre es einmal Teil einer ganzen Arbeitersiedlung gewesen, die inzwischen überbaut war, und nur der Wassermann-Wirt hatte sich widersetzt. Der Schaukasten von Elmer Citro war leer bis auf eine Kinderzeichnung der Samedaner Wappengestalt, ebenjenes Wassermanns, und ein mit Schreibmaschine beschriebenes Kärtchen, das mit Stecknadeln an die schimmlige Faserplatte geheftet war: *Übernachtung ab 40,–*. Laut Tourismusportal im Internet kostete sie inzwischen fünfzig.

Als Capaul die Tür aufstieß, mit dem Koffer die schweren vergilbten Plastikvorhänge auseinanderschob und sich hindurchzwängte, schlug ihm der Geruch von Kaffee-Schnaps, Kuhmist und Katzenfutter entgegen. Auch die Wirtsstube atmete den Geist alter Tage, über die Tische waren karierte Tücher geworfen, in einer Vitrine standen Pokale und Trophäen von Viehschauen. Am schweren eichenen Stammtisch saßen vier Männer, einen fünften hatte er draußen rauchen sehen. Offensichtlich waren es Bauern, sie trugen Faserpelzjacken und schwere, mit Kot verklebte Schuhe.

»Guten Tag, geht es hier zu den Zimmern?«, fragte er.

»Allegra«, sagte einer in einem Tonfall, als wollte er ihn nicht grüßen, sondern zurechtweisen. Die anderen musterten ihn stumm. Capaul war von durchschnittlicher Größe und Statur, eher stämmig als hager, er war unauffällig gekleidet – schwarze Cordsamtjeans, ein schwarz-blau kariertes Flanellhemd und gut eingetragene schwarze Halbschuhe, alles aus der Migros –, allerdings hatte er unüblich hübsche schwarze Augen mit fast endlos langen Wimpern und dunkles Haar voller Wirbel. »Kälbchen« hatte seine Mutter ihn in ihren freundlicheren Phasen genannt. Auch einer der Männer murmelte etwas wie »Jungstier«, dann rief er nach einer gewissen Bernhild.

Es schepperte in der Küche, und eine kleine, drahtige Frau wohl um die sechzig kam hinter der Theke hervor, wischte die Hände an einer Schürze ab, auf der in roten Lettern stand: *Hier kocht der Chef*, und richtete mechanisch die Frisur, ein eigenwilliges Gebilde, das Capaul im ersten Moment für ein Eichhörnchen hielt.

Sie betrachtete ihn mit unverhohlenem Interesse, bis er sagte: »Ich habe ein Zimmer reserviert.«

Etwas in ihrem Gesicht erlosch. »Das billige, ja? Das muss ich erst parat machen. Die für sechzig hätten das Bad auf der Etage.«

»Was hat das billige?«

»Das liegt unterm Dach, das Bad ist also einen Stock tiefer.«

»Aber es ist dasselbe Bad?«

»Ja, wir haben nur das eine.«

»Nein, dann bleibe ich beim billigen.«

»Nur damit Sie sich ein Bild machen können: Die unteren Zimmer grenzen direkt ans Bad, Sie müssen also nicht erst aufstehen und die Treppe runter, um festzustellen, dass es besetzt ist. Das werden Sie noch schätzen, denn der Flur ist nicht geheizt, und die Septembernächte hier oben sind kühl.«

»Haben Sie überhaupt andere Gäste?«, wollte er wissen.

»Das war mehr allgemein gesprochen. Aber hören Sie,

das Mittagessen ist auf dem Herd, die Spaghetti kochen gleich über, die Bolognese brennt an. Ich richte Ihnen das Zimmer, kein Problem, aber dann stellen Sie sich so lange an den Herd.«

»Nein, ich gehe«, sagte einer der Bauern, bevor Capaul reagieren konnte, stemmte sich schwer hinter dem Tisch hervor und ging mit knallenden Schritten in die Küche, womöglich trug er Nagelschuhe.

Bernhild kramte währenddessen in einer Schublade nach dem Zimmerschlüssel, dann ging sie zu der schmalen Treppe. Capaul nahm den Koffer auf und wollte sie begleiten, doch sie sagte: »Bei mir bekommen die Gäste einen Welcome-Drink. Frank, zapf ihm ein Kleines.«

Jetzt erst bemerkte Capaul, dass jemand hinter ihm stand, es war der Bauer, der draußen geraucht hatte, offenbar hatte Capaul ihm den Weg versperrt. Freundschaftlich ließ der Mann seine schweren Hände auf Capauls Schultern fallen und schob sich an ihm vorbei, dann zapfte er ihm ein kleines Bier, drückte Capaul das Glas in die Hand und setzte sich zurück an den Stammtisch. »Wo ist der Peter?«, fragte er.

»In der Küche, abverdienen.«

»Der Idiot hat auch noch Nein gestimmt.«

»Viele, die verkauft haben, haben Nein gestimmt.«

Capaul wollte kein Bier, ihm war noch schlecht von der Fahrt über den Albulapass, weniger der Kurven wegen als der Horden von Motorradfahrern, die offensichtlich die letzten schönen Tage ausreizten. Mehrmals war er grob fahrlässig überholt worden – einmal, als er gerade den kleinen roten Waggons der Rhätischen Bahn nachsah, die in bizarrer Höhe über ein Viadukt zuckelten, vor Schreck hätte er um ein Haar das Auto in die Schlucht gelenkt. Zudem hatte er, wie meist, zu wenig gefrühstückt. Er trat, den Koffer noch in der Hand, an die Theke, um das Bier abzustellen, dann vertrieb er sich die Zeit damit, auf einem Stapel Tischsets die Landkarte des geplanten olympischen Skigebiets zu studieren.

Am Stammtisch wurde noch immer debattiert. »Ist ja auch egal, verkauft ist verkauft. Allerdings hat der Peter sein Geld nicht ausbezahlen lassen, jedenfalls nicht alles, der hat es stehenlassen. Er hat gehofft, dass es noch mehr wird. Wenn du dein Geld stehenlässt, und gleichzeitig stimmst du Nein, hast du doch einen Vogel.«

»Das sagt der Richtige, du hast doch auch Nein gestimmt. Und was trägst du auf deinem Idiotenschädel?«

»Das ist etwas völlig anderes, die Mütze war gratis. Im Gegenteil, wenn einer wie ich die trägt – ich bin ja nun keine Schönheit –, schade ich denen sogar. Negativwerbung nennt sich das.«

Jener Frank hatte das gesagt. Capaul tat, als suche er im Raum nach einer Uhr, und warf einen Blick auf die Mütze. Sie trug den Slogan der Olympia-Befürworter. Derselbe Slogan zierte die Tischsets. Frank fing seinen Blick auf und zwinkerte ihm zu. Alles war recht rätselhaft.

»Niemand kann sagen, ob das Nein richtig war«, stellte inzwischen der Älteste am Stammtisch fest, einer mit käsiger Haut und geröteten Augen, die er hin und wieder mit einem arg gebrauchten Stofftaschentuch auswischte. »Und überhaupt: Nachjassen stinkt.«

»Trotzdem hat der Peter nur wegen den Jungen das Lager gewechselt. Die haben ihn zusammengeschissen, dass er überhaupt verkauft hat, danach wollte er das Geld wenigstens noch rausziehen, aber zu spät. So fand er, das wenigste, was er noch tun kann, ist, Nein zu stimmen.«

»Ich frage mich, wie lange ihn die Bernhild noch anschreiben lässt.«

»Wieso, die hat auch Nein gestimmt.«

»Das meine ich nicht, sie ...«

Dann stockte das Gespräch, denn Bernhild kam quietschenden Schrittes die Treppe herab. Sie trug grasgrüne Crocs.

»Hier, Ihr Schlüssel«, sagte sie zu Capaul. »Gehen Sie, bringen Sie den Koffer hoch, der verstellt hier alles. Dann kommen Sie essen. Spaghetti Bolognese für acht Franken, mit Menüsalat zehn. Oder ist Ihnen schon das zu teuer?«

Sie verschwand in der Küche, und Capaul nahm den Koffer wieder auf.

»Sie meint es nicht so«, erklärte der Triefäugige.

»Im Gegenteil«, sagte Frank. »Was sich liebt, das neckt sich.«

»Sagte die Katze und fraß die Maus.«

Das Pappfähnchen am Schlüssel trug die Zwanzig, an der Tür selbst war die Zwei abgefallen, ein Scherzbold hatte dafür eine zweite Null gemalt. Das Zimmer war winzig und lag in der Dachschräge, aufrecht gehen konnte man nur in einem ellenbreiten Korridor von der Tür zum Schrank. Es gab weder Kommode noch Stuhl, und der Spannteppich roch nach nassem Hund. Um das Kippfenster zu öffnen, musste Capaul sich aufs Bett knien, die Spiralfedern gaben bis fast zum Boden nach. Das Fenster kippte nicht hoch, sondern drehte um die Mittelachse. Als er sich mit sportlichem Schwung von der Matratze erheben wollte, schlug er sich an der Fensterkante den Kopf an.

In der Wirtsstube war es laut geworden, alle Tische waren mit Handwerkern und Bahnarbeitern besetzt. Bernhild platzierte ihn zu einem Trupp Maler oder Gipser, sie waren jedenfalls in weißen Overalls. Seine Portion stand schon bereit, Menüsalat inklusive. Bernhild trug ihm die Stange Bier nach und fragte: »Ist das Zimmer recht?«

Er zögerte. »Die Aussicht ist schön. Wie heißt der Berg?«

»Piz Padella. Sind Sie gut zu Fuß? Es gibt dort schöne Wanderwege. Gratis.«

Capaul hörte ihren Unterton und fühlte, wie er errötete. »Ich bin nicht in den Ferien. Ich bin der neue Polizist. Das heißt, ab Montag.«

»Polizist, Sie?« Es schien, als würde sie eine spitze Bemerkung hinunterschlucken. »In dem Fall eilt es mit dem Meldezettel wohl nicht«, sagte sie dann nur und wartete, bis er die erste Gabel im Mund hatte. »Schmeckt's?«

Er antwortete nicht darauf, sondern fragte nur zurück: »Wo kann ich eigentlich parken? Mein Auto steht jetzt unten an der Straße, ich glaube, der Parkplatz gehört einem Stromunternehmen.«

Die Gipser, die mitgehört hatten, lachten über die Frage, und der Jüngste, ein Blondschopf, sagte: »Eine Buße werden Sie als Polizist ja wohl nicht kriegen.«

Capaul wusste darauf nichts zu erwidern, er trank jetzt doch einen Schluck Bier.

Währenddessen klingelte das altbackene Wandtelefon. Peter kam aus der Küche, nahm ab, dann rief er: »Ein Massimo Capaul?«

Er erhob sich.

»Polizei«, sagte Peter noch und gab ihm den Hörer.

Es war Linard, Polizist im zweiten Jahr. »Der Dienst ruft. In Zuoz brennt eine Scheune, fahr hin und schreibe den Rapport. Wir sind gerade unterwegs zum Malojapass. Dort hat's gekracht, zwei Töffs.«

»Ich habe noch nicht mal den Dienstausweis.«

»Du sollst auch keinen verhaften. Der Rapport ist für die Versicherung.«

Capaul hängte auf, borgte von Bernhild einen Block – *Calanda Bräu* stand auf jedem Blatt – und ging zu seinem Auto, einem grün metallisierten Chrysler Imperial Automatic, Baujahr 1982. Unter dem Scheibenwischer fand er einen Strafzettel, sauber gefaltet. Er setzte sich in den Wagen, entfaltete ihn und las: *Capaul, Capaul, das fängt ja gut an!*

Die Weite des Tals, die scharf gezeichneten Berggrate und der veilchenfarbene Himmel versöhnten ihn gleich wieder, und nachdem er in Zuoz gebührenpflichtig beim Bahnhof geparkt hatte, genoss er beim Aufstieg in den Dorfkern die klare, würzige Luft. Zuoz gefiel ihm besser als Samedan, das Sitz der Kreisverwaltung war und entsprechend geheimnislos. Auch Zuoz war an seinen Rändern hässlich überbaut, doch der Dorfkern war bezaubernd: Ausladende alte Häuser mit schweren Toren und trutzigen Mauern standen um einen mit kopfgroßen Flusssteinen gepflasterten Platz wie Kühe um die Tränke. Die kleinen, nach innen versetzten Fenster gaben ihnen etwas Verschlafenes, und selbst die fast überall aufgepinselten Wappen hatten etwas eher Rührendes als Stolzes.

Gebrannt hatte es links vom Dorfplatz, im bescheideneren Ortsteil hinter Somvih, wobei »bescheiden« relativ war, denn auch hier standen wuchtige fünfhundertjährige Häuser, nur waren sie heruntergekommener.

Dem Haus, zu dem man ihn wies, hätte zumindest ein Anstrich gutgetan: Von der Fassade blätterten mehrere Schichten Farbe. Die Dachtraufe hing, und hier und da zerfiel ein Fensterrahmen oder -laden. Das einzige erhaltene Wappen, direkt unter der Traufe in eine Ecke gequetscht, zeigte den Bündner Steinbock.

Spuren eines frischen Brandes konnte er nicht entdecken, dafür saß eine brünette Feuerwehrfrau auf dem Treppenmäuerchen zum Heustall, spielte auf den Stufen mit ihrem Helm Karussell und reichte ihm, als er sich vorstellte, eine leicht schwitzige Hand. Ihren Namen verpasste er.

»Alles halb so wild«, berichtete sie. »Der Alte, der hier wohnt, ein Rainer Pinggera, hat Schlimmeres verhindert. Eine Art Heizgebläse hat Altpapier in Brand gesetzt, er hat mit dem Gartenschlauch Wände und Balken abgespritzt, damit das Feuer sich nicht ausbreitet. Bestimmt war es mehr Glück als Klugheit, dass er den Strahl nicht auf das Gebläse gerichtet und einen Stromschlag gekriegt hat. Wir haben das Teil vom Netz getrennt und das Feuer erstickt. Eine Sache von Minuten.«

»Wann genau war das?«

»Der Alarm kam zehn nach zwölf, zwanzig nach war alles vorbei, würde ich sagen.«

»Hatte er selber das Feuer gemeldet?«

»Nein, er hat am Brandherd ausgehalten, bis wir kamen. Touristen haben in der Bäckerei Klarer Bescheid gesagt, von dort hat jemand angerufen.«

Capaul notierte alles auf sein Blöcklein.

Sie sah ihm zu. »Wie einer von der Polizei siehst du zuletzt aus.«

»Die Uniform macht viel aus. Darf ich hinein?«

Sie lachte. »Das meine ich. Du bist die Polizei, was fragst du? Muss ich dich führen?«

Er versuchte zu lächeln, dann fragte er: »Wo finde ich diesen Pinggera?«

»Wir haben ihn zur Kontrolle ins Spital nach Samedan gebracht. Er wirkte verwirrt, außerdem kamen Chemikalien in Brand. Möglich, dass er eine Vergiftung hat.«

»Wohnt sonst noch jemand hier?«

»Ja, im oberen Stock. Rita und Fadri, aber die reisen seit drei Wochen durch die amerikanischen Nationalparks.«

Bevor Capaul den Stall betrat, schrieb sie ihm noch ihre Nummer auf den Block. Sie hieß Luzia. »Mir gehört der Geschenkladen bei der katholischen Kirche. Ich habe auch Kissen und Handtücher, für den Fall, dass du dich noch einrichten musst.«

Er murmelte etwas und nahm die Rampe, die hinunter in den Viehstall führte.

»Der Brand war oben im Heustall«, rief sie ihm nach.

Die Stallungen boten Platz für sicher drei Dutzend Vieh und waren sauber gewischt. Selbst die Abläufe waren rein gehalten, das Löschwasser war schon fast versiegt. In einer Ecke hingen Viehketten, in einer anderen stapelten sich Pappschachteln von Elektrogeräten des vergangenen Jahrhunderts.

Eine Leiter führte hinauf in den Heustall. Auch dort war alles ordentlich und gepflegt, vieles sah aus, als wäre es noch in Gebrauch, die Werkbank mit dem Schnitzzeug, den zahlreichen Hobeln, Messern und dem Werkzeug für die Weißküferei etwa oder der Malschrank. Die Eisengewichte der alten Waage waren frisch gefettet, keine Spur von Rost, und an einer der Sensen, die gemeinsam mit Sicheln, Harken, Hacken, Schaufeln, Spaten und anderem Gartengerät die Wand zum Wohnteil verstellte, klebte noch frisches Gras. Die meisten Gerätschaften sahen handgearbeitet aus, ausnahmslos alles war Vorkriegsware, manches sorgsam geflickt, nichts kaputt.

Den Brand ausgelöst hatte ein kleiner gelber Heißluftventilator, Marke Rextherm, der unter der Werkbank stand. Die Feuerwehr hatte, um die Stromzufuhr zu kappen, schlicht den Stecker gezogen. Capaul konnte sich denken, dass man kalte Füße bekam, wenn man hier im Winter hobelte: Zu drei Seiten hin war der Heustall großflächig nur mit Latten verkleidet, in die Verzierungen gesägt waren, die den Durchzug verstärkten. Den Brand schien eine Verkettung unglücklicher Umstände ausgelöst zu haben: Der Alte hatte unter der Werkbank einige Zeitungsbündel gestapelt gehabt, eines war offenbar vom Stapel gefallen und hatte eine Spanholzkiste derart angestoßen, dass die draufliegende Schachtel Skiwachs und Belagsreiniger auf jenes Bündel gerutscht und damit direkt der Heißluft ausgesetzt gewesen war. Das Wachs war geschmolzen, hatte das Papier getränkt, dieses hatte sich entzündet, und die aufsteigende Hitze hatte eine Plastikflasche mit Farbreiniger schmelzen lassen, die auf der Werkbank gestanden und deren Inhalt ebenfalls zu brennen begonnen hatte. Glücklicherweise waren die Flammen schnell verpufft und hatten sich nirgends tiefer ins Holz gefressen, verkohlt war lediglich die Unterseite der Werkbank.

Um den Rapport abzuschließen, brauchte Capaul nun bloß noch Pinggeras Aussage und Unterschrift sowie eine Stellungnahme des Arztes, bei dem er eingeliefert worden war. Dass er noch einen Blick in den Wohnteil des Hauses werfen wollte, war pure Neugierde. Er kam auch nicht weit, auf halbem Weg erschreckte ihn eine fuchsrote Katze, die ihm plötzlich von einem der Heuböden vor die Füße sprang, daraufhin machte er kehrt und ging zurück zum Wagen.

Die Sicht talaufwärts auf die Alpen war noch imposanter. Hinter der ewigen Weite des Hochtals wirkten sie gleichzeitig verloren und drohend, und Capaul hätte um ein Haar die Ausfahrt nach Samedan verpasst.

Auch der Parkplatz des Spitals kostete, und nachdem er geparkt hatte, ging er nochmals zur Schranke zurück, um herauszufinden, wie er zu einem Beleg für die Spesenabrechnung kam, den zu beziehen hatte er in Zuoz versäumt.

Die Frau an der Pforte verwies ihn an einen gewissen Dr. Hauser, sie sprachen sich im Flur. »Herr Pinggera absolviert noch einen Lungenfunktionstest, der aber bisher unauffällig verläuft«, erklärte Hauser. »Abgesehen von seiner altersbedingten Verwirrung scheint alles in Ordnung. Wenn Sie kurz warten, können Sie ihn gleich nach Hause fahren.«

Capaul notierte, dann fragte er: »Wenn er verwirrt ist, wie Sie sagen, besteht dann nicht die Gefahr, dass er gleich noch so etwas anrichtet?«

»Oh, sein Neffe wird sich um ihn kümmern, Pinggera Rudi. Und morgen früh sieht die Spitex vorbei, das ist schon organisiert. Das Wichtigste ist, dass er viel trinkt.«

Die Bemerkung stieß Capaul darauf, dass er selbst viel zu wenig getrunken hatte, das erklärte seinen wachsenden Brummschädel. Während Hauser zurück zu Pinggera ging, suchte er eine Toilette, um vom Hahn zu trinken. Bevor er sie fand, zupfte ihn eine junge Frau am Arm, die wohl die Schwesternhilfe war.

»Sind Sie der Polizist?«

Rainer Pinggera war entlassen worden und wartete in der Cafeteria auf ihn. Er war ein kleines, verkrümmtes Männchen mit roter Strickmütze, das exzessiv in der Nase bohrte.

»Da drin ist immer noch alles voller Ruß«, erklärte er, als Capaul sich neben ihn setzte und anbot, ein Taschentuch zu besorgen. »Aber geh weg, du, ich warte auf die Polizei.«

»Ich bin die Polizei.«

»Du?« Pinggera wollte vielleicht lachen, es kam ein Husten. »Ausweis her.«

»Den bekomme ich erst am Montag.«

»Ja, aber davor fängst du dir eine. Der Pinggera Rainer kann sich wehren. Bist du überhaupt volljährig? Richte denen aus, wenn sie mich schon umbringen lassen wollen, dann durch einen richtigen Kerl. Oder noch besser durch so eine Killerblondine.«

»Niemand will Sie umbringen«, versicherte Capaul. »Sie sollten nur diesen Ofen nicht mehr benützen, den Rextherm. Sie hatten sehr viel Glück.«

»Sieh mich an«, befahl Pinggera. »Ein Leben lang war ich vom ersten April bis zum ersten Oktober in kurzen Hosen unterwegs, aus Prinzip, außer zum Holzen. Und was haben wir? September. Im September werde ich wohl heizen.«

»Sie tragen keine kurzen Hosen«, bemerkte Capaul.

»Nein, weil mir die neue Mode nicht gefällt. Wir hatten einen fahrenden Händler aus dem Vorarlberg, den Gustl. Irgendwann hat er übergeben, der Nächste auch, aber wir nannten sie alle Gustl. Gustl kam mit dem Handkarren, einmal im Jahr, und zwar im Juni, er brachte die Ware, die man bestellt hatte, dann zeigte er den Katalog, und man bestellte fürs nächste Jahr: Heuhemden, Wollhosen, Melkmützen. Anno '97 kam er das letzte Mal, es hat ihm nicht mehr rentiert. Seither trage ich auf, was ich noch habe, danach kann ich sterben. Aber wie gesagt, das ist Qualitätsware, so schnell werdet ihr mich nicht los.«

»Ich will Sie nur heimbringen.«

»So nennt ihr das. Ich gehe mit keinem als mit Rudi.«

»Das ist Ihr Neffe, ja? Ich sorge dafür, dass man ihn ruft.«

Er tat es, danach warteten sie schweigend, Capaul sah Pinggera beim Nasebohren zu. Manchmal erwiderte Pinggera den Blick, sah ihn forschend an, und endlich sagte er: »Du hast Augen wie eine Kuh. Das ist ein Kompliment, woher hast du die?«

»Es hieß, von meinem Vater. Der war Sizilianer.«

»War? Hast du ihn auch kaltgemacht?«

»Niemand will Sie kaltmachen«, versicherte Capaul

nochmals. Er wollte sich eben erkundigen, ob die Empfangsfrau Rudi erreicht hatte, da kam er durch die Tür, und Capaul begriff, warum Dr. Hauser den Namen so herausgestrichen hatte, als müsste man ihn kennen.

Pinggera Rudi trug Sportkleidung, doch im Gegensatz zu der italienischen Sippschaft in Ski-Vollmontur, die den Empfang blockierte und dabei wie ein Pulk Osterhasen aussah, kam er daher wie ein Prinz.

Sein silberfarbener Ski-Anzug war offensichtlich maßgeschneidert, dazu hatte er den lässigen Gang eines Menschen, dem in seinem Leben alles glückt.

»Ach, Onkelchen«, rief er quer durch den Raum, »muss man dich jetzt rund um die Uhr bewachen?«

II

»Du hättest mich sehen sollen«, erzählte Rainer Pinggera seinem Neffen, während sie ihn zu Rudis Auto führten. Es stand nicht auf dem Besucherparkplatz, sondern im Personalbereich gleich beim Eingang. »Ich mit dem Gartenschlauch wie damals der Jenatsch. Ich sage dir, so leicht erledigen sie mich nicht.«

»Welcher Jenatsch? Der Schuhmacher von Ftan?«

»Nein, der Kämpfer natürlich, der Jenatsch eben.«

»Der Jürg? Den haben sie aber sehr wohl erledigt. Erst hat ihn einer, als Bär verkleidet, über den Haufen geschossen, die anderen sind danach mit Axt und Knüppeln über ihn her. Ich muss es wissen, Onkelchen, ich war im Schultheater der Bär.«

»Dann eben nicht wie der Jenatsch. Du hättest mich trotzdem sehen sollen.«

Rudi steuerte einen silbernen Mercedes C-Klasse an.

»Sind Sie der neue Polizist?«, fragte er.

»Ab Montag«, sagte Capaul.

»Ab Montag, und schon eingespannt?« Rudi lachte. »Lassen Sie mich raten, Sie sind Anfänger.«

»Ich arbeite gern«, sagte Capaul nur. »Ich habe bloß noch keinen Ausweis.«

Der Alte beschwerte sich: »Was flirtet ihr zwei Turteltäubchen da die ganze Zeit? Schließ auf. Oder besser, bring mich zurück, ich muss aufs WC. Die haben mich saufen lassen, dass es mir zu den Ohren rauskommt.«

Also gingen sie zurück, Rudi wusste, wo die Toiletten

waren. Capaul wollte die Gelegenheit nutzen, um endlich zu trinken, doch Rudi hielt ihn zurück. »Ich glaube, das schafft er allein«, sagte er lächelnd, und ehe Capaul sich erklären konnte, fragte er: »Was ist eigentlich Ihre Lieblingsdisziplin?«

»Lieblingsdisziplin? Ich verstehe nicht.«

»Sport, ich rede natürlich von Sport.«

»Ach so.«

»Polizisten sind Sportskanonen. Also was? Skifahren? Tennis? Oder sind Sie etwa Leichtathlet?«

»Ich wandere gern«, sagte Capaul aufs Geratewohl.

Rudi lachte. »Kommt man heutzutage mit Wandern durch den Eignungstest?«

»Nein, da habe ich mich durchgebissen«, sagte er offen, doch Rudi redete schon weiter.

»Meine ist das Skifahren. Und inzwischen Tennis. Natürlich golfe ich auch, die wichtigen Deals werden fast immer auf dem Golfplatz abgeschlossen. Wissen Sie was? Ich nehme Sie mit.«

»Ich habe keine Ahnung von Golf. Ich weiß nicht …«

»Nein, auf dem Golfplatz hat einer wie Sie auch nichts verloren. Ich rede vom Skifahren.« Er öffnete die Toilettentür und rief: »Onkelchen, lebst du noch?«

Man hörte ein Stöhnen, dann krächzte der Alte: »Ja, ja, es dauert halt. In meinem Alter macht man kein Wettbrunzen mehr.«

»Dann lass dir Zeit.« Rudi schloss die Tür und sah Capaul mit stahlblauen Augen an. »Und? Kommen Sie mit?«

»Das hat ja noch Zeit. Erst muss es schneien.«

»Diese Flachländer, von Tuten und Blasen keine Ahnung!«, rief Rudi und verdrehte clownesk die Augen. »Was glauben Sie, wo ich gerade herkomme? Zermatt, Klein Matterhorn, herrliche Pisten. Zu der Zeit, als ich noch

Rennen gewonnen habe, konnte man auch hier im Engadin im Sommer Ski fahren, St. Moritz, Pontresina, oder in Laax … Inzwischen muss man reisen, aber wozu gibt es Hubschrauber? Und den Flugplatz haben wir ja vor der Nase. Ich gehe aus dem Haus, eine Stunde später stehe ich auf dem Gletscher.«

»Was haben Sie damals gewonnen?«, wollte Capaul wissen.

Rudi stöhnte und raufte übertrieben das silbergraue, volle Haar – er schien ein Scherzbold zu sein. »Jetzt fühle ich mich richtig alt. Es gab Jahre, da konnte ich nicht auf die Straße, ohne um ein Autogramm angebettelt zu werden. Nein, ernsthaft, der Höhepunkt meiner Karriere war Olympia-Silber. Deshalb wollte ich jetzt die Spiele auch unbedingt zu uns holen. Wie die Abstimmung ausging, wissen Sie ja wohl. Passé, ich nehme es sportlich.«

Er gab Capaul seine Visitenkarte, im selben Moment kam sein Onkel vom Pissoir. »Gelöscht«, sagte er.

Rudi hakte sich bei ihm unter. »Dann schaffen wir es diesmal bis heim, Onkelchen? Was ist, Capaul, helfen Sie zwei Greisen noch mal zu ihrem Auto? Danach packe ich's allein.«

Nachdem sie fort waren, wollte Capaul in seinen Chrysler steigen, doch sein Kopfweh war inzwischen so stark, dass er es sich anders überlegte und zum zweiten Mal ins Spital zurückging.

»Ich bin wohl die Höhe nicht gewohnt«, erklärte er der Pförtnerin und bat um eine Dafalgan-Tablette.

»Womöglich ist es auch der Wetterwechsel, am Wochenende soll es schneien«, sagte sie lächelnd.

Das schien ihm doch sehr unwahrscheinlich, viel zu lieblich leuchteten die goldenen Lärchen an den Hängen, er hatte Bienen summen hören, und im Park vor dem Spital tanzten Schmetterlinge.

»Ich gebe Ihnen eine Brausetablette, die wirkt schneller«, sagte sie noch.

Er bat: »Geben Sie mir zwei.«

Das tat sie. »Hier ist auch ein Pappbecher. Wasser finden Sie dort drüben.«

Sie zeigte zu den Toiletten, die kannte er ja inzwischen. Im Pissoir war der Fußboden überschwemmt, offenbar hatte der Alte wirklich nochmals gelöscht.

Capaul sagte einer Putzfrau Bescheid, dann setzte er sich ins Auto und fuhr zum Revier. Der Weg war gut beschildert, nur waren alle Parkplätze belegt. Dazu kam, dass unmittelbar hinter dem Polizeiposten die Straße in einem Durchfahrtsverbot endete, die einzige Abzweigung auch. Capaul wollte wenden, das wiederum verhinderte ein Kastenwagen der Polizei. Schließlich manövrierte ihn ein hilfsbereiter Passant rückwärts zwischen Steinpoldern und geparkten Autos hindurch. Er parkte auf dem Gebührenparkplatz unten beim Bahnhof und ging zurück ins Städtchen. Immerhin ließen dabei die Schmerzen nach.

Der Posten war in einem blassen Bürohaus im Dorfkern untergebracht, das Schmuckste daran waren ein überdimensioniertes Leuchtschild mit der Aufschrift POLIZIA CHANTUNELA GRISCHUN und ein leuchtend gelber Postkasten, der die Hälfte des Eingangs versperrte.

Capaul klingelte und musste eine Weile warten, ehe drinnen der Summer gedrückt wurde.

Der Schalterraum war möbliert wie wohl alle Bündner Polizeistationen, auch der Spannteppich war vermutlich der gleiche. Ein Polizist saß einsam hinter dem Computer, auf dem Namensschild stand *L. Meier*. Linard grinste, als er ihn sah.

»Capaul, Capaul! Und wo hast du jetzt geparkt?«

Capaul suchte das Glück in der Flucht nach vorn. »Euer Kastenwagen steht im Weg«, beschwerte er sich. »Da ist auch das Fahrverbot, man kann nicht wenden, und rückwärts kommt man nur mit gütiger Hilfe der Passanten.«

Linard feixte. »Das war Jon Lucas Einfall. Fahren die Leute durchs Verbot, schnappt er sie. Natürlich nur Touristen, sonst gäbe es schnell böses Blut. So kassieren wir innerhalb von zwei, drei Tagen unser Monatssoll an Bußgeld.«

Capaul konnte nicht erkennen, ob er sich einen Spaß erlaubte, und beschloss, das Thema zu wechseln. »Ihr wart vom Malojapass schnell wieder zurück.«

»Nur ich, um die Meldung aufzugeben. Die anderen sammeln noch Leichenteile ein. Keine Ahnung, ob die Motorräder stärker werden oder nur die Fahrer schlechter, jedenfalls gibt es jedes Jahr mehr Tote.«

»Woher willst du das wissen? Du bist doch erst ein Jahr im Dienst.«

»Weil ich lese, hier, Statistik.« Linard zeigte auf den Bildschirm. »Jetzt mache ich Platz, damit du den Rapport schreiben kannst.«

»Ich bin noch nicht so weit.«

»Was fehlt denn?«

»Die Aussage des Opfers.«

»Opfer«, wiederholte Linard. »Der Mann hat seine eigene Scheune angezündet. Hier, das sind Opfer.« Er tippte auf der Tastatur, drehte den Bildschirm und zeigte Capaul ein Foto des Motorradunfalls. Matsch in Ledercombi, hätte ihr Dozent in Forensik dazu gesagt. »Dein Klient dagegen«, sagte Linard, »ist doch schlicht senil.«

»Was weißt du davon?« Linard gefiel ihm nicht.

»Ich weiß noch viel mehr. Dass der Löschmannschaft deine traurigen Augen gefallen, zum Beispiel. Auch ich habe Kontakt zur Feuerwehr.« All das sagte er im selben süffisanten Tonfall. Dann fasste er in die Brusttasche, zückte seinen Ausweis und gab ihn Capaul. »Pinggera hat grauen Star im fortgeschrittenen Stadium und eine beidseitige Makula-Degeneration. Er wird nicht sehen können, wessen Ausweis du ihm unter die Nase hältst. Geh und schließ den Fall ab, sonst muss ich morgen der Sache nachrennen, und dazu habe ich nicht die geringste Lust. Wir sind für morgen mit den Münstertaler Kollegen zur Verkehrskontrolle auf dem Ofenpass verabredetet. Das heißt Sonne tanken. Man gönnt sich ja sonst nichts.«

»Das Wetter soll kippen, habe ich gehört.«

»Erst in der Nacht auf Sonntag. Laut Flugplatzwetterdienst. Wir handeln mit Fakten, Capaul, nicht mit ›soll‹ und ›habe ich gehört‹. Apropos, deine Handynummer. Ich kann dich nicht jedes Mal ausrufen lassen.«

»Ich habe kein Handy.«

Linard war einen Augenblick sprachlos. »Wie, ›kein Handy‹? In welchem Jahrhundert lebst du?«

Das wäre der Moment gewesen, sich abzuwenden und zu gehen. Er verpasste ihn. »Ich gehe gleich«, versprach er. »Aber habt ihr nicht auch eine Bescheinigung, die ich ins Auto legen kann, damit ich nicht ewig einem Parkplatz nachrenne? Auf den Gebührenparkplätzen zahlt man sich ja dumm und dämlich.«

»Du meinst so was wie das ›Arzt im Dienst‹-Schild?«

»Ja.«

»Du verkennst die Situation, du bist nicht im Dienst.«

»Was dann?«

»Du tust mir einen Gefallen, das ist alles.«

Also parkte er auch jetzt, zurück in Zuoz, wieder am Bahnhof und stieg ein gepflastertes Weglein ins Dorf empor. Als er Rainer Pinggeras Haus erreichte, war die Sonne hinter den Dächern verschwunden, und gleich wurde es empfindlich kalt. Mehrmals betätigte er die alte Zugglocke. Da er nichts hörte, nahm er an, dass sie nicht funktionierte, und drückte die Klinke. Die Tür war verriegelt. Er sagte sich, dass die Mieter eine eigene Klingel haben müssten, womöglich gab es einen zweiten Eingang. Er ging ums Haus, doch er fand nichts. Nachdem er abermals geklingelt und versucht hatte, die Tür zu öffnen, sah er hinter den Gardinen eines kleinen Erkers, der spitz wie eine Nase aus der Hausfassade in die Gasse hinausragte, den Alten hocken. Er starrte auf ihn herab, so schien es zumindest.

Capaul rief: »Ich hätte noch ein paar Fragen. Sehen Sie, ich habe jetzt auch einen Ausweis.« Aber Pinggera rührte sich nicht.

Währenddessen war Rudis Mercedes die Gasse hinabgerollt, so geräuschlos, dass Capaul ihn erst bemerkte, als die Hitze aus der Kühlerhaube an sein Bein drang. Sobald Rudi ausstieg, öffnete auch der Alte das Fenster und rief: »Gut, dass du kommst, der stellt mir wieder nach.«

Rudi nahm Capaul kurz den Ausweis aus der Hand und betrachtete ihn lächelnd, dann rief er hoch: »Er ist wirklich Polizist. Und wenn der Staat dich würde töten wollen, Onkelchen, könnte er es viel leichter haben.«

»Wie denn?«, fragte Capaul verwundert.

»Ach, Alte seines Schlags muss man nur in ein Heim stecken, und dafür findet sich immer ein Vorwand. Sie sind wie Füchse, eher beißen sie sich die Pfote ab, wenn sie in die Falle tappen, als dass sie sich einsperren lassen.«

Capaul sagte darauf nur: »Ihr Auto ist vorschriftswidrig geparkt.« Es stand mitten in der Gasse.

Rudi winkte ab. »Das ist kein Problem, hier kennen mich alle. Wenn einer durchwill, meldet er sich. Jetzt kommen Sie, Sie sehen ganz durchgefroren aus.« Er schloss die Tür auf und führte ihn ins Haus. »Ich bringe den Polizisten«, rief er. »Er will dir helfen, damit die Versicherung den Schaden zahlt.« Dann fragte er Capaul: »Das stimmt doch, oder?«

Capaul zögerte. »Das ist einer der Zwecke des Rapports.«

Sie zogen die Schuhe aus und betraten eine enge Stube. Es sah aus, als hätte seit dem Krieg die Zeit stillgestanden: geklöppelte Deckchen auf den Armlehnen der Sessel, die Deckenlampe noch mit Kerze, das Linoleum mit Messingleisten und zahllosen Schräubchen verlegt. Gleichzeitig war alles penibel sauber gehalten, es roch nach Schmierseife und Javelwasser.

»Putzen Sie noch selbst?«, fragte er den Alten, während er niederkniete, um das modernste Objekt im Raum zu betrachten, einen Röhrenfernseher von Blaupunkt, wohl eines der ersten Farbmodelle.

»Natürlich, wer sonst?«

»Das stimmt nicht ganz, Onkelchen. Lina hilft dir.«

»Schweig du still, Lina geht die Polizei nichts an.«

Capaul notierte *Schwarzarbeit?*, doch nur um der Ordnung willen. »Wer räumt denn auf?«

»Ich«, versicherte der Alte. »Die Augen wollen nicht mehr, ohne Ordnung wäre ich am Arsch.«

Rudi lachte. »Du warst schon immer ein Pedant.«

»Ja, ja, ja.« Der Alte winkte missmutig ab. »Was muss ich denn jetzt erzählen?«

»Wie es war«, bat Capaul.

»Wobei du nicht sagen solltest, dass du vergessen hast, das Öfelchen auszuschalten, Onkel, sondern dass du die Stecker verwechselt hast.«

»Welche Stecker?«

»Du wolltest Licht machen, deiner Augen wegen, stattdessen hast du das Öfelchen eingesteckt, und dummerweise war es noch an.«

»Aber ich habe keine solche Lampe im Stall. Keine, die ich einstecken könnte.«

»Dann hast du dich eben geirrt, das kommt vor. Du hast dir kurz eingebildet, du seist im Schlafzimmer. Es geht nur darum, dass diese Öfelchen inzwischen verboten sind. Die Versicherung zahlt nichts, wenn du das Öfelchen mit Absicht verwendet hast.«

»Habe ich auch nicht. Aber ich verstehe dich nicht. Das Einzige, was kaputtgegangen ist, ist dieses Öfelchen. Was soll die Versicherung dann überhaupt bezahlen, wenn nicht das Öfelchen? Und wozu bitte habe ich Licht gebraucht?«

»Du wolltest doch die Klobrille reparieren«, erinnerte ihn Rudi. Zu Capaul sagte er: »Er hat noch ein Plumpsklo, die Brille ist aus Holz, und als er auf sie gestiegen ist … Wieso eigentlich?«

»Was ›wieso‹?«

»Wieso bist du auf die Brille gestiegen? Nicht auszudenken, was passiert wäre, wenn du ins Klo gefallen wärst.«

»Die Glühbirne ist kaputt. Dort habe ich nämlich wirklich eine Lampe, nur ist dauernd die Birne kaputt.«

»Ich wechsle sie dir nachher. Nächstes Mal steigst du nicht mehr hoch, lass einfach die Tür auf, dann scheint die Straßenlampe herein.«

Rudi ging hinaus, um sich die Sache anzusehen. Rainer Pinggera rief ihm nach: »Ich habe eine Taschenlampe. Aber kannst du beim Licht einer Taschenlampe sehen, ob dein Hintern sauber ist? Ich nicht.«

Capaul ging Rudi hinterher. Das Klo lag am Ende eines schmalen Balkons, eine leere Glühbirnenfassung hing direkt über der Schüssel.

»Wunderbar«, sagte Capaul gerührt. »Überhaupt ein wunderbares Haus.«

Rudi hatte nicht die Lampe untersucht, sondern am Brett gerüttelt, auf dem die Brille gelegen haben musste. »Das ist wohl Geschmackssache«, sagte er und richtete sich auf. »Eine richtige Toilette sollte er sich schon gönnen. Was heißt gönnen, ich würde sie ihm ja bezahlen. Aber der sture Bock nimmt nichts an. Wissen Sie, was er für die obere Wohnung an Miete verlangt? Dreihundertfünfzig Franken. Schön, sie hat keine Zentralheizung, und zum Bad muss man durchs Treppenhaus. Aber dreihundertfünfzig Franken in Zuoz, wo die popeligste Eigentumswohnung eine Million kostet.«

Rainer Pinggera rief von drinnen: »Rudi, bring mal meine Brille.«

»Deine Brille? Seit wann benutzt du denn die?«

»Die Klobrille natürlich, wovon reden wir die ganze Zeit?«

Capaul schlug vor: »Wenn Sie mir eine Glühbirne geben, schraube ich sie inzwischen ein.«

»Steigen Sie da bloß nicht hoch, das Brett ist nämlich lose«, sagte Rudi und ließ ihn stehen. Während er im Stall die Brille holte, sah Capaul sich all das Schnitzwerk im Treppenhaus an, eine Uhr, einen Schrank, zwei Truhen. Den Schrank öffnete er einen Spalt weit, in ihm stapelten sich, aufs Akkurateste gefaltet, Putz-, Geschirr- und Leintücher.

Dann kam Rudi wieder, sie gingen zurück in die Stube, und der Alte fragte: »Rudi, sieh nach, ob er etwas eingesteckt hat. Ich habe gehört, wie er herumgeschnüffelt hat.«

»Erklär mir lieber, wie du das hier flicken wolltest, Onkel.« Er drückte ihm mehrere Holzteile in die Hand.

»Ui, ui, ui«, sagte der Alte und breitete sie auf dem Tisch aus, um sie genauer zu betrachten. »Als ich sie in den Stall genommen habe, hatte sie nur einen Riss. Ich habe sie wohl fallen lassen.«

»Ja, so sah es aus, die Teile lagen auf dem Boden verstreut.«

Der Alte seufzte, dann sah er sich nach Capaul um.

»Glauben Sie, die Versicherung könnte mir eine neue Brille bezahlen? Wobei ich gar nicht wüsste, wo man so was noch bekommt. Das ist beste Handarbeit. Rudi, die hat dein Großvater geschnitzt.«

Rudi zwinkerte Capaul zu. »Bestimmt bezahlt die Versicherung das. Und ich kenne im Münstertal einen guten Antikschreiner. Aber dann musst du Herrn Capaul auch endlich erzählen, was passiert ist. Oder was passiert sein könnte. Also, du wolltest die Brille leimen und bist dafür in den Stall gegangen ...«

»Leimen? Du hast keine Ahnung! Damit das hält, muss man so was schrauben oder zapfen, und danach muss man lackieren, schleifen, wieder lackieren. Sonst bleibt womöglich ein Spalt, in dem man sich was einklemmt. Hast du dich mal am Reißverschluss eingeklemmt? Dann weißt du, wovon ich rede.«

»Onkelchen, ich habe noch anderes zu tun. Sagen wir, du wolltest sie flicken, dazu hast du Licht gebraucht. Du wolltest die Lampe einstecken, obwohl du dort keine hast, ich weiß, aber du hast eben gedacht, du hättest eine, und stattdessen hast du das Öfelchen eingesteckt. Könnte es so gewesen sein?«

»Nein, wie soll das gehen?«, rief der Alte. »Ich stecke das Öfelchen ein, und der Stall steht in Flammen? So ein Öfelchen ist doch kein Bunsenbrenner. Du bist ein miserabler Lügner.«

»Wie war es denn wirklich, Herr Pinggera?«, fragte Capaul, während er eine Kuckucksuhr an der Wand betrachtete.
»Wie es war? Es hat gebrannt, als ich kam. Das Öfelchen hat ganz normal geblasen, und davor hat es gebrannt.«
»Die Zeitungen und der Farbverdünner?«
»Wieso?«
»Da gibt es kein Wieso«, schaltete sich Rudi ungeduldig ein. »Du hattest dort nun mal Zeitungen und offenbar Verdünner liegen, die Polizei erfindet so was nicht.«
»Nein, ich habe dort keine Zeitungen. Die Zeitungen sind im Schuppen, nicht im Stall, das weißt du doch, du trägst sie mir immer raus.«
»Da waren Zeitungen, Verdünner oder Pinselreiniger und Skiwachs«, versicherte Capaul. »Brandverursacher war das Skiwachs.«
Der Alte wurde still.
»Was ist, Onkelchen?«
»Nichts. Ich glaube, ich kann auch ohne das Öfelchen.«
»Sie wollen den Schaden gar nicht melden?«
»Nein.«
»Keinen Rapport?«
»Ich sage doch: Nein.«
»Onkelchen, natürlich braucht es einen Rapport. Was, wenn das Feuer noch irgendwo glimmt? Oder wenn du einen gesundheitlichen Schaden davonträgst?«
»Mir geht es gut«, versicherte Rainer Pinggera eigenartig bedrückt und stemmte sich hoch. »Ich muss jetzt nur zu Bett.«
»Meinetwegen, vergiss nur nicht zu trinken«, sagte Rudi und ging zu den Schuhen. »Morgen früh kommt übrigens die Spitex. Danach, dachte ich, machen wir ein Fährtchen hoch zur Padellahütte. Dort ist Kehrausparty, sie machen winterdicht. So was gefällt dir doch.«

»Du und ich allein? Bring Annamaria mit.«

»Wie du willst. Bist du sicher, dass es dir gut geht?«

»Doch, doch. Hast du die Glühbirne gewechselt?«

»Ich muss erst eine besorgen, ich komme nachher noch mal her.«

»Lass, das hat Zeit bis morgen. Ohne Brille kann ich sowieso nicht. Ich gehe hoch.«

Rudi wandte sich zu Capaul: »Das Bad, das zur Wohnung gehört, ist nicht gerade modern, aber es hat immerhin eine Toilette mit Spülung. Und die Mieter sind verreist.«

»Woher weißt du das schon wieder?«, fragte der Alte.

»Von dir, du Giftzwerg. Ach, Onkelchen, das heute war wohl alles etwas viel für dich. Schlaf dich aus, morgen sieht die Welt ganz anders aus.«

Er wollte ihn umarmen, aber der Alte ging schon zur Tür und hielt sie auf. »Vergiss nicht, diesen Polizisten mitzunehmen«, sagte er zum Abschied.

III

Als Capaul diesmal aufs Revier zurückkehrte, ging der Summer schon, bevor er überhaupt die Klingel gedrückt hatte. Inzwischen hielt Jon Luca die Stellung, er tippte mit zwei Fingern auf der Tastatur und fluchte auf Romanisch. Capaul sah jetzt auch den Bildschirm, auf dem man den Eingang sehen konnte.

»Woher wusstest du, wer ich bin?«, fragte er.

»Aus deiner Akte natürlich«, sagte Jon Luca, ohne aufzusehen. »Außerdem hat längst die Runde gemacht, dass du ein Hübscher sein sollst.«

Capaul hörte darüber hinweg. Er beugte sich über den Tresen und legte Linard den Ausweis ins Fach, dann fragte er: »Ich sollte den Brand in Zuoz rapportieren, aber das Opfer will gar keinen Rapport. Was tue ich jetzt?«

»Schreib einen internen Bericht, drei Sätze, dann geh und trink ein Bier darauf, so leicht machen sie es dir selten. Sieh mich an, ich bin fast den ganzen Tag einer Anzeige wegen unerlaubten Plakatierens nachgerannt. Du glaubst nicht, was ich angeschnauzt wurde. Und der ganze Mist gehört jetzt auch noch ins Protokoll.«

»Ich schreibe ja eigentlich gern.«

»Dann bist du hier definitiv richtig. Aber ich dachte, du fängst erst am Montag an?«

»Linard hat mich gebeten einzuspringen. Aber ich glaube, ich habe ihn genervt.«

»Ihn nerven alle. Nimm seine Launen nicht zu ernst. Er kommt mit den Leichen in unserem Beruf nicht klar, und das lässt er an jedem aus. Ich glaube kaum, dass er es bis zum Gefreiten schafft.« Den zwei Zacken auf den Schulterpatten nach war Jon Luca schon Korporal. »Wie steht es mit dir, hast du Probleme mit Toten?«

»Bisher nicht«, sagte Capaul.

»Hast du überhaupt schon welche gesehen?«

»Keine Verkehrstoten.«

»Sondern?«

Statt zu antworten, deutete Capaul auf den Bildschirm. »Wenn du willst, kannst du mir diktieren, und ich tippe.«

Jon Luca lachte und machte Platz. »Du bist mehr einer von der maulfaulen Sorte, was? Dafür lade ich dich nachher auf eine Cola ein. Du musst sie allerdings holen.«

Nachdem das Protokoll verfasst war, erklärte Capaul jedoch: »Ich bin müde. Die Höhe. Oder das Wetter. Ich gehe mal lieber zu Bett.«

»Um sieben Uhr abends?«

»Ich habe auch Kopfweh.«

Tatsächlich hatte die Arbeit am Computer es wieder befeuert. Er nahm einen Apfel aus dem Früchtekorb, der sollte ihm das Abendbrot ersetzen. Doch zuvor musste er noch das Parkplatzproblem lösen.

»Polizeistunde«, rief Bernhild von drinnen, als er die Tür zum Wassermann aufstieß.

»Ich bin es nur«, sagte er und schob den Kopf durch den Vorhang.

»Dann stimmt es ja sogar«, witzelte sie. »Polizeistunde ist das Einzige, was diese Bauern verstehen. Sage ich ›Geschlossen‹, quetschen sie sich erst recht rein, weil sie denken: ›Zwei, drei kleine Blonde, danach habe ich es mit diesem Mädel lustig.‹«

Sie saß am Stammtisch und rechnete Belege zusammen.

»Ich gehe gleich hoch«, versicherte er. »Aber wo kann ich das Auto parken?«
»Wo steht es denn jetzt?«
»Beim Bahnhof, aber dort muss man im Voraus zahlen, und ich hatte kein Kleingeld mehr.«
»Egal, lassen Sie es stehen, nach sieben Uhr kontrolliert keiner mehr. Morgen früh stellen Sie es bei mir hinters Haus, unters Schild mit dem Parkverbot, das habe ich da hingemacht. Ich muss aber noch mit dem Lieferwagen durchkommen. Und jetzt setzen Sie sich gefälligst, Sie hatten bestimmt noch kein Abendessen. Ich wärme uns Reste, geht aufs Haus.«

Da trotz des Apfels sein Magen knurrte, nahm er dankend an. Während sie in der Küche war, benutzte er kurz das Bad. Bernhild hatte zwei Handtücher auf die Kommode gelegt, auf jedes davon eine kleine Seife in Form einer Rosenblüte, die wieder je ein Zettelchen beschwerte: Auf einem stand *Capaul*, auf dem zweiten *Unterpertinger*.

»Haben Sie noch einen zweiten Gast?«, fragte er, als er zurückkam. Sie hatte aus den Spaghetti vom Mittag, einer Dose Mais und Mayonnaise etwas wie Nudelsalat gemacht, dazu gab es eine Essiggurke und Brot aus der Plastiktüte.

»Wein?« Sie schenkte zwei Gläser mit Merlot aus der Literflasche ein, dabei erklärte sie: »Unterpertinger, das bin ich. Es ist eben auch mein Bad, aber das reibt man nicht gern den Gästen unter die Nase.«

»Dann Entschuldigung, dass ich gefragt habe.«

Sie kicherte wie ein Schulmädchen. »Quatsch, für dich bin ich sowieso die Bernhild. Eigentlich für die meisten. Wie nennen sie dich?«

»Capaul.« Er begann zu essen.

»Ich verstehe, ein Polizist hat ja auch andere Stammgäste«, witzelte sie. »Aber deine Freunde?«

Er zögerte. »Capaul.«

Sie lachte. »Deine Mutter?«

Er probierte nochmals etwas Salat, dann legte er die Gabel beiseite, wischte sich den Mund ab und spülte ihn mit einem kleinen Schluck Kochwein aus. Er studierte die Aussicht aus dem Fenster – es war die nachtgraue Fassade eines Nachbarhauses – und fragte: »Kennen Sie einen Pinggera Rudi?«

»Wir waren beim Du.«

»Kennst du einen Pinggera Rudi?«

»Ja, natürlich. Rudi ist seit dreißig Jahren unser Goldjunge. Nein, unser Silberjunge. Kaum einer hat so viel fürs Oberengadin getan wie er. Schön, mit der Olympia-Kandidatur hat er es überzogen, aber das verzeiht man ihm gern. Bestimmt haben sogar viele, die eigentlich dagegen waren, nur ihm zuliebe Ja gestimmt. Obwohl wir wirklich nicht das Geld haben, uns solche Experimente zu leisten.«

Capaul bat um noch eine Gurke, dann fragte er: »Woher hat er denn sein Geld?«

»Ja, das wüssten alle gern. Ich habe gehört, auf seiner Visitenkarte steht Gesprächspartner. Vielleicht bezahlen ihn gewisse Leute wirklich dafür, dass er dabei ist. Er macht eben eine gute Figur, er gibt einem Anlass das gewisse Etwas. Man muss ihn einfach mögen, er ist ein Strahlemann. Und er ist einer von uns, irgendwie steht er stellvertretend für das Oberengadin: Wir sind ja nicht so reich, wie wir tun. Wir haben auch nicht die höchsten Berge. Wir geben nur an, und jeder spielt das Spiel mit. Gleichzeitig schämen wir uns immer ein bisschen für uns. Wir denken, das muss doch auffliegen, dass wir in Wahrheit nur ein Bauernkaff im schnieken Anzug sind. Aber soll ich dir was sagen? Auch die meisten Reichen, die hierherkommen, um Ferien zu machen, sind nur Bauern im schnieken Anzug. Und mit

Ehrlichkeit wurde keiner von ihnen reich. Deshalb mögen sie es hier wohl auch.«

Inzwischen hatte Capaul auf Rudis Visitenkarte nachgesehen, es stimmte. *R. Pinggera, Gesprächspartner*, stand da in silberfarbenen Lettern. »Wie war Rudi unehrlich?«, fragte er.

Bernhild tat ihm ungefragt eine dritte und vierte Essiggurke auf den Teller, dafür war er sehr dankbar, dabei sagte sie: »Rudi hat gar keine Olympiamedaille. Sie wurde ihm aberkannt. Er wollte Gold, nicht Silber, und hat deshalb nach dem Rennen behauptet, der Sieger, ein Österreicher, hätte an einer Stelle, an der keine Kamera stand, ein Tor ausgelassen. Die Streckenposten hatten aber nichts gesehen. Dafür sagte dann der Österreicher: ›Messt lieber mal dem Pinggera seine Bindungsplatten nach.‹ Und die waren zwei Millimeter zu hoch, oder zwei Hundertstel oder zwei Tausendstel. Da konnte er die Silberne auch abgeben, und das Schlimmste: Jetzt waren zwei Oberösterreicher auf dem Podest und ein Südtiroler.«

»Was ist daran schlimm?«

Bernhild lachte fröhlich. »Dass wir in Tat und Wahrheit alle eine Familie sind, Tiroler, Südtiroler, Engadiner. Pinggera ist sogar ein Südtiroler Name. Aber wir neiden einander alles. Wer hat die schöneren Berge, mehr Schnee, mehr Gäste? Und vor allem: Wer hat die besseren Sportler?« Sie trug ab. »Wie kommst du überhaupt auf den Rudi?«, rief sie aus der Küche. »Ist ihm etwas passiert?«

»Nein, seinem Onkel. Und er hat mich zum Skifahren eingeladen, mit dem Hubschrauber.«

Sie kam mit zwei Schnäpschen wieder. »So läuft das eben. Wenn du geschickt bist, kannst du dir hier oben als Polizist bestimmt ein gutes Leben machen. Einen Hubschrauberflug kann ich dir nicht bieten, aber wenn du magst, ich habe oben ein kuscheliges Sofa. Warum sehen wir uns nicht den Kommissar-Brunetti-Film an, und danach haben wir etwas Spaß?«

»Ich fand es schon spaßig«, versicherte Capaul. »Jetzt muss ich ins Bett.«

Sie seufzte. »Ich kann dich wohl auch nicht mit einem Ausflug ins Cash & Carry in Samnaun locken, oder? Morgen früh?«

»Hast du morgen nicht geöffnet?«

»Das wäre vergebene Liebesmüh, samstags ist sowieso nur der Stammtisch besetzt, und vor dem ersten Schnee sind alle auf Trab, die einen müssen noch ernten oder mähen, die anderen bringen Jauche aus. Dazu kommt, dass ich noch die Sommerreifen draufhabe, die Winterreifen sind durch. Wer weiß, wann die Straßen wieder frei sind.«

»Ich wollte eigentlich auf die …«, er blätterte im Blöckchen, »… auf die Padellahütte. Dort ist Kehrausparty.«

»Na also, ich wusste doch, im Grunde bist du ein fröhlicher Gesell. Wenn das eine Einladung ist, nehme ich sie gern an. Und wenn du morgen ausgeschlafen bist, hast du ja vielleicht auch Lust, mit mir zu shoppen.«

Aus dem erholsamen Schlaf wurde nichts. Er versuchte, im Kopf den Bericht in drei Sätzen zu formulieren, und bekam ihn nicht hin. *Rainer Pinggera entdeckte Feuer in seinem Stall. Er hielt es mit einem Gartenschlauch in Schach, und die Feuerwehr war schnell vor Ort*, bestand streng genommen aus nur zwei Sätzen, und ersetzte er das Komma durch einen Punkt, holperte es furchtbar. Zudem schien ihm das Ganze zu knapp. *Als Rainer Pinggera den Heustall betrat, um eine defekte Toilettenbrille zu reparieren, entdeckte er, dass ein Heizofen Altpapier in Brand gesetzt hatte. Er griff zum Gartenschlauch und hielt das Feuer in Schach, bis die*

Feuerwehr kam. Das war ausführlicher, aber nun waren es entschieden nur zwei Sätze. In beiden Versionen schien ihm auch etwas zu fehlen, sogar mehreres: Pinggeras Mordverdacht und die Tatsache, dass er – trotzdem oder eben deshalb? – auf einen Polizeirapport verzichtete.

Offenbar wusste er einfach noch zu wenig, um den Fall, der kein Fall war, abzuschließen. Wie immer legte er sich auf seine rechte Seite, um kurz vor dem Einschlafen auf die Linke zu wechseln, doch er hatte das Fenster einen Spalt geöffnet gelassen, und nun zog es ihm in den Nacken. Er schloss das Fenster, danach hielt ihn der Gestank wach. Im Halbschlaf war er überzeugt, der Teppich, die Matratze oder beides sonderten giftige Dämpfe ab. Umso mehr freute er sich, als ihm einfiel, dass er viel zu wenig getrunken hatte. Auf der Toilette trank er vom Hahn, und zurück in seinem Zimmer, entdeckte er ein an die Tür geschraubtes Klapptischlein. Es ließ sich zwar nur ausklappen, während die Tür geschlossen war. Doch so lange konnte er darauf seine Uhr und zwei, drei Dinge legen, die ihm wertvoll waren, wie etwa ein Kettchen aus Lotussamen aus dem kleinen Nachlass seiner Mutter. Das Zimmer gewann dadurch enorm an Wohnlichkeit.

Als Capaul zum Frühstück kam, saß Bernhild am Stammtisch und war dabei, Aromat in den Gewürzkörbchen nachzufüllen. Ihn hatte sie ganz auf die andere Seite der Stube gesetzt. »Ich selbst bin ja ein Mensch, der beim Frühstück seine Ruhe will«, sagte sie. Dafür hatte sie ihm ein mit Tesafilm verklebtes Klarsichtmäppchen neben den Teller hingelegt. Es enthielt einen Ausschnitt aus einer Boulevardzeitung, dem *Blick* wohl, und zeigte ein barbusiges Seite-3-Girl. Offensichtlich war es schon durch viele Hände gegangen. Capaul warf nur einen kurzen Blick darauf, dann öffnete er eine der Gerberkäse-Ecken und strich sein Brot.

Bernhild hatte ihm Kaffee gebracht, dann war sie dazu übergegangen, Maggi-Fläschlein aufzufüllen. Das war eine diffizile Angelegenheit, bei der sie immer wieder die Zunge vorschob und vor sich hin murrte. Ganz nebenbei bemerkte sie: »So rein körperlich habe ich mich ja seit damals kaum verändert.«

Nun las Capaul auch die Bildlegende: *Bernhild (19) ist Kellnerin aus Leidenschaft. Wo sie serviert, bleibt kein Mund trocken.*

»Hat die Zeitung dafür bezahlt?«, fragte er.

Schweigend stand Bernhild auf, nahm seine Tasse und ließ einen zweiten Kaffee aus der Maschine, dann setzte sie sich neben ihn.

»Wenn man so ein Bild sieht, Capaul, dann sagt man: Donnerwetter. Oder: Tolle Brüste. Oder: Mensch, da hab ich was verpasst. Oder: So was Süßes hätte ich ja auch gern mal in der Falle. Klar?«

»Donnerwetter«, sagte er folgsam.

»Ist das alles?«

»Donnerwetter, damals hattest du noch lange Haare.«

»Ich habe auch jetzt lange Haare, Dösel. Hast du überhaupt hingesehen?«

»Tatsächlich, waren sie denn damals auch schon rot?«

Sie nahm das Mäppchen an sich und stand kommentarlos auf. Nachdem sie die Gewürzkörbchen auf die Tische verteilt hatte, fragte sie: »Brauchst du noch was? Ich fahre dann sonst jetzt los. Ich nehme nicht an, dass du mitkommen willst.«

»Oh doch, eigentlich schon, also zumindest, wenn du mich ans Steuer lässt. Dein Lieferwagen hat doch sicher Gangschaltung, die muss ich noch üben.«

Ihr rostroter oder vielleicht auch nur rostiger Citroën Jumper war eine Herausforderung für sich mit seinem ausgeleierten Getriebe. Die Gänge sprangen öfters raus, und die Bremse griff nur, wenn Capaul mit voller Kraft aufs Pedal trat.

Samnaun war ein entseeltes Dörfchen mit einer stereotypen Einkaufsmeile, in der Edelmarken mit Sonderangeboten lockten. Etwas außerhalb des Dorfs erhob sich eine große Warenhalle mit den sonderbarsten Artikeln für Hotellerie und Gastronomie, von der Hundewaschanlage bis zum Serviettenhalter in Raketenform.

Bernhild kannte sich aus und steuerte gleich die relevanten Regale an. »Tomaten«, sagte sie etwa, und Capaul dachte: Schön, schnappen wir uns die Tomaten, doch dann öffnete sich vor ihm eine fast endlose Galerie an Dosen, Tuben und Einmachgläsern unterschiedlichster Herkunft und Qualität. Capaul lernte, den Preis von Konserven nach ihrem Einlagegewicht zu beurteilen und eingebeulte Dosen entweder zurückzustellen oder im Preis herunterzuhandeln. Er lernte, Kaffeesorten nach ihrem Duft zu beurteilen. Dazu stach Bernhild mit einer Stecknadel, die sie extra dafür am Revers mitführte, ein Löchlein ins Paket: »Guter Kaffee«, sagte Bernhild, »riecht wie Pipi auf der Haut.« Er erfuhr, dass Steinpilzsauce keine Steinpilze enthält, sondern ein Tubenextrakt lettischer Herkunft, dazu Rahmfix und Shiitakepilze, und er lernte, Kochwein von Tafelwein zu unterscheiden. Am Vorabend hatten sie doch Tafelwein genossen, Kochwein verkaufte sich per Gallone. Er erfuhr endlich, dass in Kaffeerahm kein Rahm steckt, sondern Abfallmolke, und dass Handwerker diese Abfallmolke echter Milch im Kaffee ebenso vorziehen wie sogenanntes Sägemehl dem echten Parmesan.

Als sie zwischen Lasagneblättern und Kehrbesen für Kinder schließlich einen Sonderposten Henna entdeckten, brachte sie ihm außerdem bei, dass die Wahl der perfekten Haarfarbe in keiner Weise Geschmackssache ist, sondern vom Hautton, der Augenfarbe und sogar der Lippenform abhängt: Je voller die Lippen, desto dunkler die Färbung. Bernhilds perfekter Farbton war leider schon aus.

Das viele neue Wissen machte Capaul regelrecht beschwingt. Der Dämpfer kam erst, als ihm sein Chrysler wieder einfiel, der noch immer unerlaubt auf dem Gebührenparkplatz in Samedan stand. Nun hatte er es eilig, zurückzufahren, was nicht nur beiden auf die Laune schlug, es beschleunigte die Sache auch nicht, weil er bei den Lichtsignalen an all den Baustellen regelmäßig den Motor abwürgte – zweimal verpassten sie so die Grünphase. Dann setzte Bernhild sich ans Steuer.

Beim Bahnhofskreisel ließ sie ihn raus, von dort war es nur ein paar Schritte bis zum Parkplatz. Erst als Capaul den Chrysler aufschloss, entdeckte er eine Wegfahrsperre am linken Vorderrad, unter dem Scheibenwischer klemmte ein zweiter Bußzettel. Darauf stand: *Links, rechts, links, hinterm Hauptmann stinkt's.*

Kurz dachte er daran, auf dem Revier den Schlüssel für die Wegfahrsperre zu holen. Doch dann fiel ihm ein, dass Linard ihn sicher mit auf den Ofenpass genommen hatte, also ging er zum Wassermann, um Bernhild ausladen zu helfen.

Sie fragte nicht, warum er gekommen war, doch als er Hand anlegen wollte, winkte sie ab. »Die verderbliche Ware ist bereits drin, das andere eilt nicht. Fahren wir lieber gleich los, auf ein Tänzchen mit dir in der Padellahütte hatte ich mich nämlich am meisten gefreut.«

Sie wollte ihn sogar wieder ans Steuer lassen. Aber

Capaul sagte: »Wenn ich aussuchen darf, sehe ich mir lieber die Landschaft an. Ihr habt es schon verflixt schön hier oben.«

IV

Er war auch deshalb froh, dass Bernhild fuhr, weil auf dem Bergsträßchen – oft kaum mehr als ein Pfad – gleich mehrmals ein Gemeindefahrzeug die Durchfahrt versperrte, Wegmacher schlugen mit Signalfarbe gestrichene Pfosten ein, um die Fahrbahn für den Winter zu markieren. Dabei brannte die Sonne fast sommerlich, über den Wiesen und zwischen den Lärchen flimmerte der Staub, und das Bergpanorama schien mit jeder Kurve an Tiefe und Kraft zu gewinnen. Im Vorbeifahren nannte ihm Bernhild die Flurnamen, und sie sprach sie so rund und geschliffen aus, als lutsche sie ein Bonbon: Crap Sassella, Bugliets, Muntarütsch, Surpunt Dadeins. Obwohl der Citroën Jumper stank und polterte, fühlte Capaul je länger, je mehr den Hauch von Ewigkeit, von dem einer seiner Ausbilder ihm vorgeschwärmt hatte, nachdem bekannt geworden war, dass Capaul die Stelle in Samedan bekam.

Als er Bernhild davon erzählte, setzte sie noch einen drauf: »Sechstausend Fuß jenseits von Mensch und Zeit«, zitierte sie erst Friedrich Nietzsche, danach gab sie gleich eine ganze Reihe Zitate zum Besten, herausgegeben vom Tourismusverein Engadin in einer Broschüre eigens für die Wirte und Fremdenführer des Tals. Das ihres Erachtens schönste, eines von Proust, sagte sie gleich mehrmals auf: »Wir haben einander geliebt in einem verlorenen Örtchen des Engadins, das einen zweifach süßen Namen trägt. Ringsum gibt es drei seltsam grüne Seen, die zwischen tiefen Tannenwäldern liegen.«

Danach herrschte im Citroën Jumper einen Augenblick lang eine Art aufgeladene Stille. Capaul brach sie, indem er fragte: »Der St. Moritzersee, der Silsersee, und welcher ist der dritte?«

»Eigentlich sind es ja vier«, antwortete Bernhild etwas widerwillig, »der Champfèrersee und der Silvaplanersee.« Gleich darauf erreichten sie die Padellahütte.

Die Kehrausparty war in vollem Gang, die Veranda gestoßen voll mit Menschen. Viele saßen in der Sonne und tranken, doch in der Hütte wurde auch getanzt, zu Ziehharmonika und Bass, und ein Junge, dessen verklärter Blick etwas Engelhaftes hatte, schlug mit Löffeln den Rhythmus. Während Capaul und Bernhild sich durch die Menge schoben, stimmte die Musik *Alles fährt Ski* an, wohl zu Ehren des Pinggera Rudi, denn er schwang mit einer älteren Frau das Tanzbein, der Mutter des Hüttenwarts, wie Bernhild ihm zurief.

Bernhild schwang mit ihm auch gleich die Arme, doch auf einen richtigen Tanz ließ Capaul sich nicht ein. »Ich hätte im Wirtshaus noch auf die Toilette gehen sollen«, sagte er und ließ sie stehen.

Vor allem wusch er ausgiebig das Gesicht, denn mit zunehmender Höhe waren die Kopfschmerzen wieder stärker geworden, und er hoffte, die Kälte würde sie vertreiben. Doch das eisige Wasser machte, dass er sich noch mehr verspannte. Während er den Nacken massierte und aufs Geratewohl einige Stellen drückte, die er für Akupressurzonen hielt, kam Rudi in den Waschraum.

»Die meinen es ja jeweils nur gut«, stöhnte er, »doch ich kann dieses *Alles fährt Ski* nicht mehr hören. Und Sie, wer sind Sie heute, Linard Meier oder Capaul?«

Capaul überging die Frage. »Wie geht es Ihrem Onkel?«, erkundigte er sich.

»Blendend, er amüsiert sich draußen. Ich glaube, er spielt Karten. Er war mal Preisjasser, eine richtige Wettkampfsau. Von irgendwem muss ich das Gen ja haben. Wenn Sie wollen, bringe ich Sie zu ihm.«

»Gern«, sagte Capaul. Doch dazu mussten sie an der Theke vorbei, und im Gedränge verlor er Rudi. Er sah eine Weile zu, wie Bernhild mit Peter, einem ihrer Stammgäste, tanzte, dann quetschte er sich durch die Masse, um an die frische Luft zu kommen. Er war fast draußen, als ihn jemand am Arm festhielt, es war Luzia.

»Du hast ja schnell herausgefunden, wo man sich trifft«, schrie sie ihm ins Ohr. »Wie wär's mit einem Tänzchen?«

»Ich kann nicht tanzen.«

»Dann ein Gläschen.« Den glühenden Wangen nach schien sie schon einige intus zu haben, es wäre auch nicht nötig gewesen, dass sie so schrie.

»Ich bin im Dienst«, behauptete er.

Doch sie lachte nur. »Diesen Dienst kenne ich. Linard hat mir verraten, dass alles nur ein Spaß war.«

»Was heißt Spaß? Außer mir war niemand da, um den Fall aufzunehmen.«

Luzia zuckte mit den Schultern. »Klärt das besser untereinander.«

Sie wollte sich an ihm vorbeischieben, doch nun hielt er sie zurück. »Hast du ihn gesehen?«, fragte er.

»Linard? Der hat Dienst.«

»Nein, den alten Pinggera.«

»Ja, der war hier, aber das ist eine Weile her.«

»Und Annamaria?«

»Welche Annamaria?«

»Ich weiß nicht, ich glaube, sie ist Rudis Freundin.«

Doch die schien sie nicht zu kennen, sie schüttelte den Kopf und mischte sich unter die Tanzenden.

Als Capaul die Veranda erreichte, stand Bernhild mit Peter am Zaun, er rauchte, sie leistete ihm Gesellschaft.

»Stand dir jemand auf der Leitung?«, fragte sie gereizt.

»Ich dachte, wir sind zusammen hier.«

»Ich habe den alten Pinggera gesucht. Kennst du eine Annamaria? Er wollte gestern, dass sie mitkommt mit Rudi und ihm.«

Bernhild zeigte auf eine Mittvierzigerin, das Haar mit einem roten Glarner Tüchlein zurückgebunden, die bei einer Jassrunde älterer Männer saß. Sie warf Kommentare ein, die Männer lachten, und Annamaria wirkte darüber jedes Mal von Neuem überrascht. In ihrer ganzen Erscheinung hatte sie etwas Rührendes, irgendwie Bedürftiges. Wie sie und der knallige Rudi zusammenpassen sollten, konnte Capaul nicht begreifen.

Während er sie beobachtete, sagte jener Peter: »Es stimmt, sie sind zu dritt gekommen, Rudi, sein Onkel und sie.«

Capaul stellte sich zur Jassrunde, wartete, bis Annamaria ihn ansah, und fragte: »Entschuldigung. Rainer Pinggera, wo finde ich den?«

Sie stand gleich höflich auf. »Drinnen, nehme ich an. Er wollte der Musik zuhören.«

»Sein Neffe meint aber, er wäre hier draußen.«

Annamaria überblickte kurz die Veranda, dann berührte sie scheu Capauls Schulter und versprach: »Ich werde ihn suchen.«

Die Männer setzten ihr Spiel fort. Der Kartengeber sagte zu den anderen: »Ich dachte, ich hätte gesehen, dass der Rudi mit ihm weg ist, am Mittag schon.«

»Ich dachte es erst auch, das neben Rudi war aber die Annamaria, die ist ja heute auch ein Rotkäppchen. Sie sind zusammen in die Pilze.«

Die Männer lachten, und weil inzwischen auch ausgeteilt war, konzentrierten sie sich wieder auf ihr Blatt.

Bernhild war Capaul nachgekommen. »Willst du jetzt etwa jassen? Meinetwegen jassen wir auch.«

»Ich kenne die Regeln gar nicht«, gestand Capaul. »Ich warte auf Annamaria, sie will Rainer Pinggera für mich finden.«

»Was willst du eigentlich von ihm?«

»Nur fragen, wie es ihm geht. Wie er sich vom Brand gestern erholt hat. Ob er noch immer keinen Rapport will.«

Annamaria kam ohne Rainer Pinggera, dafür mit Rudi. Er schimpfte: »Hat der Idiot sich heimlich davongemacht?«

Annamaria antwortete: »Vielleicht hat ihn jemand heimgefahren«, und Rudi rief gleich in Zuoz an, doch nahm keiner ab.

Bernhild war dafür, die Festgemeinde zu befragen, doch Rudi meinte: »Dann ist die Party gelaufen. Nein, ich fahre zu ihm nach Hause und sehe nach. Annamaria und Capaul, ihr sucht inzwischen die Gegend ab. Weit kann er nicht sein, höchstens auf einen Spaziergang, vielleicht hat er sich den Fuß verknackst.«

»Peter und ich helfen natürlich suchen«, sagte Bernhild. Sie teilten sich gleich auf.

Capaul bekam die leichteste Strecke zugeteilt, den Panoramaweg Richtung Alp Muntatsch mit Blick über den Morteratschgletscher, die Diavolezza und auf den über allem thronenden Piz Palü, der laut Annamaria aussehen sollte wie eine Teufelsklaue, die krampfhaft das Bergmassiv niederzieht, damit es nicht ganz in den Himmel wächst und den Menschen erlöst. »Sechstausend Fuß jenseits von Mensch und Zeit«, bemerkte Capaul und marschierte los.

Zu Fuß durch die wilde Landschaft zu ziehen hatte eine nochmals andere Kraft. In aller Heftigkeit fühlte er im Wald den steten Wechsel von Sonnenhitze und Schattenkälte, wohlig war das nicht, dafür umso eindrücklicher. Dazu der schwere Duft der Disteln, von Nadelholz und Heu. Der Waldboden gab unter seinen Füßen nach. Als er mit dem Schuh den Nadelteppich zur Seite schob, wimmelte es von Ameisen, roten, schwarzen, einige davon riesig.

Die Vögel, die er hörte, zwitscherten nicht, sie schrien. Auch Grillen glaubte er zu hören, wobei das ebenso die Heuwender und Jauchewagen sein mochten, die er klein und emsig wie Käfer auf dem Talboden ihre Spur ziehen sah. Ein Murmeltier beobachtete ihn, gleich darauf rannte ein Eichhörnchen vor ihm her, das doch ziemlich anders aussah als Bernhilds Frisur. Und die Aussicht über das Tal, durch das der Inn sich schlängelte wie eine Blindschleiche, auf kleine smaragdgrüne Bergseen und auf Gipfel, so scharfkantig wie gebleckte Wolfszähne, war von einer Wucht, die Capaul mit einem sehr tiefen Gefühl erfüllte, für das er allerdings keinen Namen hatte. Nur vom alten Pinggera fehlte jede Spur, er rief mehrmals vergeblich, und keiner der Wanderer, die er ansprach, hatte ihn gesehen.

Dann führte der Weg um eine Biegung, das musste das Val Bever sein, hier reichte die Sonne nicht hin, und sofort schlug ihm auch eisiger Wind entgegen. Sein Schädel pochte plötzlich wieder, zudem roch es nach Winter. Capaul hatte Angst, sich zu verirren und die Nacht am Berg verbringen zu müssen, und kehrte um.

Die Angst verschwand gleich wieder, als er zurück in der Sonne war, ebenso die Eile. Kurz bevor er bei der Padellahütte war, setzte er sich für ein paar Minuten auf einen Wegstein, schloss die Augen, ließ die Sonne aufs Gesicht scheinen und sah, als er sie wieder öffnete, wie ein

Kleinflugzeug, das auf dem Flugplatz hatte landen wollen und wohl von einer Bö erfasst wurde, eine abenteuerliche Schlaufe flog, bevor es in zweitem Anlauf ruppig aufsetzte.

Summend kehrte er zur Hütte zurück, dort herrschte unerwartete Hektik. Capaul hatte die hohen Wolken gar nicht bemerkt, die sich inzwischen über dem Piz Padella türmten. Angeblich konnte es jederzeit zu schneien beginnen, dabei war der Schnee erst auf die Nacht hin erwartet worden. Viele Gäste waren schon talwärts gefahren, der Hüttenwart und seine Leute machten eilig klar Schiff. Bernhild hatte auf Capaul gewartet, auch sie drängte zum Aufbruch.

Er konnte kaum glauben, dass er drei Stunden fortgeblieben war. Annamaria hatte den Alten längst gefunden und die anderen, da sie untereinander die Handynummern ausgetauscht hatten, zurückgerufen. Unterhalb der Hütte, abseits vom Weg, lag ein Geröllhang, in dem nicht nur Steinschlaggefahr bestand, er hieß im Volksmund auch »Öv in painch«, Spiegelei, weil die Sonne ihn aufheizte wie ein Ei in der Pfanne. Dort hatte er gesessen oder gelegen, völlig betrunken. Annamaria hatte versucht, ihn hoch zur Hütte zu schaffen, dann wollte sie die Rega rufen. Doch inzwischen hatte Rudi den Hüttenwart mobilisiert, der eine Art Raupenfahrzeug hatte und den Alten hochgeschafft hatte.

Das alles erzählte ihm Bernhild unterwegs zum Lieferwagen, den sie einige hundert Meter tiefer am Wegrand geparkt hatten.

»Haben sie ihn ins Spital gebracht?«, fragte er.

»Ich weiß nicht, ich glaube, sie wollten ihn heimbringen. Rudi meinte, es sei nicht der erste Suff seines Onkels.«

»Zeig mir die Stelle, wo sie ihn gefunden haben«, bat Capaul, aber Bernhild zeigte ihm den Vogel.

»Wir haben Sommerreifen drauf«, erinnerte sie ihn. »Dazu bremst die Karre kaum noch. Wie willst du im Schnee vom Berg runterkommen?«

»Runter kommt man immer«, stellte Capaul fest, und der Scherz kam für Bernhild so unerwartet, dass sie ihn erst nur mit offenem Mund ansah.

»Schau an, der Partymuffel taut auf! Aber jetzt eingestiegen.«

Und wirklich, sie hatten kaum den Lieferwagen im Hof des Wassermanns geparkt, als die ersten, dicken Flocken fielen.

Schönerweise war gleichzeitig Capauls Kopfweh wie weggeblasen. Das ließ ihn wieder unternehmungslustig werden, und nachdem er festere Kleidung angezogen hatte, machte er sich auf zum Polizeiposten, um die Wegfahrsperre an seinem Auto loszuwerden. Zwar brannte auf dem Revier Licht, doch auf sein Klingeln öffnete niemand.

Also nahm er den Zug nach Zuoz, um sich nach Pinggeras Befinden zu erkundigen. Er freute sich, denn er fuhr in einer jener kleinen roten Kompositionen der Rhätischen Bahn, wie er sie am Albulapass gesehen hatte, mit Waggons wie aus einer anderen Zeit, selbst die Fenster ließen sich noch öffnen. Und für eine Minute, bis jemand schimpfte, hielt er das Gesicht in den Fahrtwind und war glücklich wie ein Schulbub.

Die Bahn zuckelte durch die Abenddämmerung von Bahnhof zu Bahnhof – Bever, La Punt-Chamues-ch, Madulain –, tiefblau breitete sich die verschneite Ebene hinter den Waggonfenstern aus, und nur in den Kegeln der Stationslampen sah er, in wie dicken Flocken inzwischen der Schnee fiel. Während er in Gedanken wieder bei den drei Sätzen für den Bericht war, ahnte er auf der parallel zum

Bahngleis verlaufenden Kantonsstraße ein Chaos, vielleicht ein kleinerer Auffahrunfall. Im Stillen grüßte er hinüber zu seinen Kollegen, danach genoss er die gemütliche Zugfahrt noch mehr und fing, als er in Zuoz ausstieg, mit der Zunge ein paar Schneeflocken. Der Schnee schluckte die Geräusche, wie durch Watte hörte er aus mehreren Richtungen Gehupe und war abermals froh, dass er den Zug genommen hatte.

Auch hinter Rainer Pinggeras Fenster brannte Licht, und obwohl Rudis Mercedes in der Gasse stand, öffnete ebenso keiner auf Capauls Klingeln. So machte er einen kleinen Spaziergang durchs Dorf, betrachtete die Auslage in Luzias Lädelchen und wunderte sich darüber, wofür andere Menschen augenscheinlich Verwendung fanden: Duftkissen mit Arvenspänen, Flaschenabtropfhalter und Handtücher mit aufgestickten Sprüchen wie *Vergissmeinnicht* oder *Dû bist mîn, ich bin dîn, we lôve Engadîn.*

Als er in die Foura Chanels zurückkehrte, war Rudis Auto fort, und er brauchte nur einmal zu klingeln, gleich kam Annamaria an die Tür. Sie sah verweint aus.

»Ich dachte, Rudi hat etwas vergessen«, erklärte sie ihre Eile.

Capaul sagte: »Ich bin froh, dass sein Onkel nur betrunken ist. Darf ich kurz reinkommen?«

Annamaria zögerte, trat dann aber beiseite und wies ihm den Weg den Flur entlang. »Das Schlafzimmer ist rechts.«

Rainer Pinggera lag in einem antiken Kastenbett, es war noch für viel kleinere Menschen gebaut, dafür unüblich breit, so als hätten in alten Zeiten ganze Familien darin geschlafen. Pinggera lag unter einer Federdecke, die mehr wie ein überdimensioniertes Kissen aussah, nur seine Füße und der Kopf sahen heraus, beides feuerrot. Die Stirn kühlte eine Kompresse, seine Augenlider flatterten, und er winselte fast ununterbrochen.

»Oh, das sieht aber gar nicht gut aus«, stellte Capaul fest. »Müsste er nicht ins Spital?«

»Rudi holt gerade Medikamente«, erklärte Annamaria. »Wir haben mit der Notfallzentrale telefoniert, die Spitäler sind überfüllt mit Leuten, die auf dem Schnee ausgerutscht oder mit dem Auto geschlittert und irgendwo reingekracht sind. Sie haben explizit darum gebeten, dass wir Rainer zu Hause pflegen. Man kann sowieso nicht viel tun, er hat einen Sonnenstich. Einen Suff und einen Sonnenstich.«

Sie tauschte die Kompresse aus, und als der Alte würgte, stellte sie einen emaillierten Nachttopf aufs Bett und wollte ihm hochhelfen. Doch er wehrte sich überraschend heftig, und nachdem sie ihn erschreckt hatte fahren lassen, fiel er willenlos wie eine abgetane Sau ins Kissen zurück und röchelte zwar, doch das Würgen immerhin blieb aus.

»Kann ich helfen?«, fragte Capaul. »Man könnte ihm die Beine mit Alkohol einreiben und mit einem rauen Tuch frottieren.«

Annamaria sah ihn überrascht, vielleicht auch einen Hauch amüsiert an. »Was sind das denn für Methoden?«

»Keine Methoden, nur ein Gefühl, dass ihm das helfen könnte.«

»Haben Sie noch mehr solche Gefühle?«

Statt darauf zu antworten, sagte er: »Was ich nicht verstehe, ist, warum er heimlich trinken musste oder wieso er sonst aus der Hütte abgehauen ist.«

Annamaria suchte nach einer Erklärung: »Er gibt nie unnötig Geld aus. Ich weiß nicht, ob er arm ist, jedenfalls ist er sparsam. Die Flasche Wein hat er bestimmt nicht in der Padellahütte gekauft.«

»Woher wissen Sie, dass es Wein war?«

Sie stutzte. »Ich glaube, ich habe die Flasche gesehen. Außerdem, schauen Sie.« Sie schob die Lippen des Alten auseinander, sein Zahnfleisch hatte die typische Rotweinverfärbung. »Die Zunge sieht genauso aus.«

Capaul spann den Faden von vorhin weiter. »Aber zahlt Rudi nicht für ihn? Und bestimmt hätten viele seinem Onkel eine Runde ausgegeben, nach dem, was ihm gestern passiert ist.«

Annamaria presste den Mund zusammen und dachte nach, dann schüttelte sie aber den Kopf. »Keine Ahnung, vielleicht hatte er mit Rudi Streit und wollte ihn bestrafen, indem er sich volllaufen ließ. Das würde zu ihm passen. Und die beiden liegen sich eigentlich permanent in den Haaren.«

»Weswegen?«

»Ach, wegen allem Möglichen. Manchmal denke ich, es ist nur ein Sport.«

Capaul betrachtete den Alten. »Warum ist eigentlich seine Kopfhaut so rot? Ist das Sonnenbrand? Hatte er nicht die Mütze auf?«

Annamaria versuchte sich zu erinnern. »Ich kann nicht sagen, ob er sie noch aufhatte, als ich ihn gefunden habe. Womöglich hat er sie bei der Rettungsaktion verloren, die lief ziemlich ruppig ab. Aber die Füße sind genauso rot, angeblich ist das typisch für einen Sonnenstich. Dafür ist der Körper ganz käsig und kalt, deshalb die Daunendecke.«

Kurz sahen sie beide auf den Alten, als würden sie ein Gemälde betrachten, dann sagte sie: »Jetzt möchte ich aber schon gern hören, was Ihr Gefühl vorhin noch gesagt hat.«

Capaul schüttelte den Kopf. »Nichts Relevantes.«

»Etwas über mich?« In ihrem Blick war ein Funken Koketterie.

Ja, er hatte gedacht, dass sie eine Frau war, die sich leicht ausnutzen ließ. »Sollte er nicht sehr viel trinken?«, lenkte er ab. »Wasser, meine ich, oder Suppe?«

Annamaria erschrak. »Doch, natürlich. Als Sie geklingelt haben, war ich unterwegs in die Küche.«

Capaul verstand das als Aufforderung zu gehen.

»Danke, dass Sie mir aufgemacht haben«, sagte er, und zum Alten: »Alles Gute, Herr Pinggera. Ich bleibe dran.«

Die Lider des Alten zitterten wieder heftig, dann riss er mit einem Ächzen oder mehr Krächzen die Augen auf und warf ihm einen dieser starren, flehenden Blicke zu, wie Capaul sie von Menschen kannte, die der Tod bereits gepackt hält.

Bernhild nutzte den Großeinkauf, um die Ordnung in ihrer Speisekammer auf den Kopf zu stellen, deshalb hatte sie auch noch nichts gekocht.

»Soll ich uns eine Pizza holen?«, fragte Capaul.

»Nicht nötig, Capuns oder Pizochels?«, fragte sie und öffnete den Tiefkühler. »Acht Franken für die Capuns, zehn für Pizochels. Freundschaftspreis.«

Capaul wählte Pizochels.

»Man gönnt sich ja sonst nichts«, sagte sie – ob zu ihm oder zu sich, blieb offen – und schob sich auch eine Portion in den Ofen.

Während Capaul ihr half, die Konservendosen einzuordnen, und die Pizochels im Ofen auftauten, stöhnte sie: »Das war vielleicht eine Aufregung heute. Wobei, für euch von der Polizei ist das ja Alltag. Wie geht es dem Dummkopf?«

»Er sah nicht gut aus. Aber Annamaria kümmert sich um ihn.«

»Über die könnte ich dir auch Geschichten erzählen. Sie war mit dem Stadtpräsidenten von St. Gallen liiert – was sage ich liiert, verheiratet. Würde man auch nicht von ihr denken, oder? Willst du wissen, wie es auseinanderging?«

Capaul antwortete nicht. Er hatte soeben einen Fleck auf sein Hemd gemacht, das erinnerte ihn daran, dass er mit einem Koffer voll Schmutzwäsche angereist war, weil in seiner Wohngruppe in Amriswil alle vor der Abreise noch dringend hatten waschen wollen, und es war nicht seine Art, sich vorzudrängeln. »Gibt es in Samedan einen Waschsalon?«, wollte er wissen.

»Einen Waschsalon? Wie in Amerika? Nein.«

»Oder in St. Moritz?«

»Nein, kann ich mir nicht vorstellen.«

»Dann dürfte ich vielleicht bei dir waschen?«

»Dürftest du, wäre die Maschine nicht kaputt. Ich wasche bei meinem Bruder. Meinetwegen kann ich ab und zu ein Hemd von dir reinschmuggeln, aber mehr nicht. Hans bereut schon längst, dass er so nett war.«

»Aber Handwäsche, das geht?«

»Nein, bei aller Liebe. Ich will nicht dauernd deine Unterhosen in meinem Bad hängen sehen. Und nasse Wäsche im Zimmer geht schon gar nicht. Der Teppich würde leiden.«

Er hatte eine Bemerkung zum Teppich auf der Zunge, doch dann fragte er nur: »Was tue ich jetzt?«

Bernhild zuckte mit den Schultern. »Schlussendlich ist alles eine Frage des Geldes. Für fünfzig Franken pro Nacht kannst du keinen Zimmerservice wie im Kempinski erwarten.«

»Ich habe nun mal nicht mehr. Ich werde mir eine WG suchen. Aber waschen muss ich jetzt.«

»Warum eigentlich so geizig? Die anderen Polizisten leisten sich nette Wohnungen, manche ernähren eine Familie. So schlecht könnt ihr nicht bezahlt sein.«

»Ich stottere ab«, gestand er.
»Viel?«
Capaul zuckte mit den Schultern, gleichzeitig nickte er.
»Dann zahlst du das Zimmer von jetzt an besser im Voraus.«
»Das werde ich tun«, versprach er und wollte sie gerade um einen Rat wegen seines Berichts bitten, als plötzlich Peter im Durchgang zur Küche stand.

V

Bernhild fuhr ihn gleich an. »Du weißt, dass ich es nicht ausstehen kann, wenn du dich von hinten reinschleichst.«

Peter hörte nicht auf sie. »Spannst du mir die Bernhild aus?«, fragte er Capaul mit vor Aufregung zitternder Stimme.

»Mach dich nicht lächerlich«, sagte Bernhild. »Der Junge ist mein Gast.«

»Du machst dich lächerlich«, gab Peter zurück, während er noch immer Capaul fixierte. »Du bist doppelt so alt wie er.«

»Wohl nicht ganz«, sagte Capaul. »Ich bin dreiunddreißig. Wir haben gerade besprochen, wo ich meine Kleider waschen kann.«

»Was, Bernhild, machst du jetzt schon seine Wäsche?«

»Peter, jetzt hör auf.« Sie ging hinter die Theke, um drei Bier zu zapfen. »Ich habe ihm klargemacht, dass das nicht geht. Abgesehen davon: Bilde dir ja nicht ein, dass du irgendwelche Ansprüche auf mich hättest.«

Sie setzte sich wieder, schob ihm mit dem Fuß einen Stuhl zurecht, und nach kurzem Zögern setzte Peter sich zu ihnen. »Für morgen haben sie schon wieder Tauwetter gemeldet«, berichtete er versöhnlich, und nachdem er einen Schluck getrunken hatte, lehnte er sich zurück und atmete durch.

Bernhild warf Capaul einen amüsierten Blick zu. »Um uns das zu sagen, ist er die halbe Stunde von seinem Hof hierhermarschiert.«

»Ich gehe auch gleich raus«, sagte Capaul. »Noch etwas den Schnee genießen.«

Kurz schwiegen alle. Doch Peter ließ es nicht los. »Das Foto im *Blick* hat sie dir bestimmt gezeigt, oder?«

»Peter, fang nicht wieder an«, flehte Bernhild. »Das Foto zeige ich jedem. Es gibt nicht vieles in meinem Leben, worauf ich stolz sein kann.«

Capaul stand auf. »Mir fällt gerade ein, vielleicht kann ich ja im Spital waschen lassen. Ich gehe mich gleich mal erkundigen.«

Peter sagte: »Apropos, der alte Pinggera ist eingeliefert worden. Deswegen bin ich gekommen.«

»Woher weißt du das?«, fragte Bernhild.

»Von Heinz.«

»Heinz ist sein Schwiegersohn«, erklärte sie Capaul, »er ist Sanitätsfahrer.«

»Ich dachte, das Spital ist voll«, wunderte sich Capaul.

Peter zuckte mit den Schultern. »Davon weiß ich nichts, aber einen im Koma dürfen sie gar nicht abweisen.«

Es schneite nur leicht, dafür noch immer in großen Flocken, als Capaul durch die Nacht dorfauswärts ging, in Richtung Spital. Der Himmel war pflaumenfarben, und es roch nach Kaminfeuern. Samedan wirkte plötzlich nicht mehr so nüchtern, ja, als er die sonderbare Passerelle des Hotels Bernina durchschritt, dessen gewaltiges achtstöckiges Haupthaus die Biegung des Sträßchens nachzeichnete, stellte er sich vor, das Hotel sei ein riesiger schlafender Drache, dessen Schwanz die Straße blockiert, und er selbst der heilige Georg, den hatte er ein paar Häuser zuvor an eine Fassade gemalt gesehen.

Danach dachte er wieder an den alten Pinggera. Er fragte sich, ob er etwas zu tun versäumt hatte, er oder das Gespann Rudi und Annamaria. Oder aber der Arzt, dessen Name ihm schon nicht mehr einfallen wollte. Er blätterte die Notizen durch, Hauser. Womöglich war es eben doch nicht nur ein Sonnenstich, sondern eine Rauchvergiftung oder irgendwelche toxischen Dämpfe, die das Feuer im Stall freigesetzt hatte. Er dachte an die geschmolzene Plastikflasche auf der Werkbank – möglich, dass darin gar kein Farbreiniger gewesen war, sondern etwas Giftigeres, Salpetersäure, Pestizide, was immer in der Landwirtschaft gebraucht werden mochte. Er fragte sich, ob Dr. Hauser einer war, der zugeben würde, wenn er einen Fehler gemacht hatte. Denn zumindest rückblickend war es offensichtlich ein Fehler gewesen, den Alten so bald wieder heimzulassen. Capaul rechnete allerdings nicht damit, Hauser überhaupt zu Gesicht zu bekommen, bei dem Tohuwabohu, das im Spital nach dem Verkehrschaos und den Karambolagen los sein musste.

Tatsächlich herrschte dort fast gespenstische Ruhe. Offensichtlich lief bereits die Nachtschicht: In den Fluren brannten nur noch die Signallampen der Fluchtwege, beim Empfang waren die Jalousien geschlossen. Capaul klingelte nach dem Nachtportier. Während er wartete, blickte er sich um und sah in der nur durch eine Batterie Grünpflanzen vom Empfangsbereich abgegrenzten Cafeteria, die auch bereits geschlossen war, eine alte Frau. Sie saß im Dunkeln in kerzengerader Haltung auf der Stuhlkante. Im Schoß hielt sie etwas wie eine Urne.

Capaul hatte den Portier wohl beim Lesen gestört. Als er zur Theke schlurfte, um die Jalousie hochzuziehen, hatte er eine dieser Billigbrillen in die Stirn geschoben und rieb sich die Augen.

»Ich möchte mich erkundigen, wie es Rainer Pinggera geht«, erklärte Capaul.

»Sind Sie Angehöriger?«

»Nein, ich bin von der Polizei. Ich war an der Suche heute beteiligt.«

»Ich weiß von keiner Suche«, schnauzte der Portier. »Zeigen Sie mal Ihren Dienstausweis.«

»Ich habe noch keinen, aber Dr. Hauser kennt mich.«

»Dr. Hauser ist schon fort, und ohne Dienstausweis … Sie tragen ja nicht mal Uniform. Da könnte jeder kommen.«

»Bestimmt ist Rudi Pinggera da, oder Annamaria«, versuchte Capaul es weiter. »Beide kennen mich gut, ich schreibe nämlich den Rapport. Nein, einen Rapport hat der Alte sich verbeten. Aber einen internen Bericht. Wir können auch auf dem Revier anrufen, wenn Sie wollen. Falls dort noch jemand ist.« Er erkannte, wie schwach seine Position war, und als der Portier schweigend die Jalousie niedersausen ließ, setzte er sich in die Cafeteria. Früher oder später würde einer der drei hier vorbeikommen.

Die alte Dame nickte ihm zur Begrüßung zu, das silbern schimmernde Haar hatte sie mädchenhaft zum Pferdeschwanz gebunden. »Buna saira.« Auch ihre Stimme klang erstaunlich jung. Die Augen umspielten unzählige Lachfältchen, und noch im Halbdunkel strahlte ihr Blick. Während er wartete, musste Capaul sie immer wieder ansehen. Dabei erkannte er auch, dass das Ding in ihrem Schoß keine Urne sein konnte, denn es hatte einen Henkel. Womöglich war es ein Thermoskrug, allerdings ein ungewöhnlich bauchiger. Er malte sich aus, dass sie ein Organ transportiere, auch wenn er sich keinen rechten Reim darauf machen konnte.

Als er endlich auf das Gefäß zeigte und unverhohlen fragte, was darin war, lächelte die Dame. »Heiße Hühnerbrühe, Suppe für einen Kranken. Wobei: Heiß war sie einmal, inzwischen ist sie höchstens lauwarm. Ich wollte sie ihm schon vor vier Stunden bringen. Oder wie spät ist es jetzt?«

»Kurz nach acht, aber warum lässt man Sie hier unten sitzen?«

»Aus demselben Grund wie bei Ihnen, ich bin keine Angehörige. Jedenfalls nicht offiziell. Aber ich sitze gern hier. Cucu ist bestimmt an hundert Maschinen angeschlossen, von hektischem Personal umschwirrt, wo sollte da mein Platz sein? Ich finde das Licht hier unten sehr angenehm, grelles Licht ist nichts mehr für mich.«

»Sind Sie womöglich Lina?«

»Duonna Lina«, bat sie. »Mit wem habe ich die Ehre?«

»Capaul, Massimo Capaul. Ich bin Polizist.«

»Ja, das habe ich vorhin gehört.« Sie lächelte wieder. »Dabei sehen Sie überhaupt nicht wie einer aus, Sar Massimo.«

»Ich fange auch erst an. Übermorgen, um genau zu sein. Ich bin frühzeitig eingesprungen, weil es so viele Verkehrsunfälle gab. Ich rapportiere den Fall Pinggera. Nein, rapportieren wäre zu viel gesagt, ich berichte.«

»Was ist der Unterschied?«, fragte sie neugierig.

»Ein Rapport ist möglichst umfassend, während der interne Bericht aus nur drei Sätzen besteht. Das kam in meiner Ausbildung überhaupt nicht vor. Sie können mir glauben, drei Sätze zu einem so komplexen Fall wie dem von Herrn Pinggera zu schreiben, das ist eine Herausforderung für sich.«

»Was ist an Cucus Unglück so komplex?«, fragte Duonna Lina, dann schob sie nach: »Ich nenne ihn seit unserer Jugend Cucu. Damals kam er nachts unter mein Fenster, um zu schäkern, so was tat man früher nämlich. Wir hatten ja keine Handys. Und da hat er immer den Kuckuck gemacht, damit ich wusste, dass er da war.« Behutsam stellte sie das Suppengefäß zu Boden, dann legte sie die Hände aneinander und blies hinein, allerdings hörte Capaul keinen Kuckuck. »So ungefähr. ›Cucu‹ ist romanisch für Kuckuck. Er nennt mich ... Aber was erzähle ich Ihnen da?«

Lächelnd nahm sie den Topf wieder hoch, stellte ihn in ihren Schoß zurück und umfasste ihn mit beiden Händen, so als könnte sie die Suppe derart noch etwas warm halten.

Capaul hätte zu gern gehört, welchen Kosenamen Pinggera für diese schöne Frau hatte, aber er wagte nicht nachzufragen. Während er sah, wie sie die Suppe im Schoß hielt, stellte er sich vor, wie Jahrzehnte zuvor – allerdings: wieso nicht heute noch? – Cucu bei einer Rast im Grünen seinen Kopf in Duonna Linas Schoß gelegt und sie ihn ebenso zärtlich umfasst gehalten hatte.

Dann sagte er: »Mich verwirrt, dass so wenig zusammenpasst. Der Brand im Stall kam nur zustande, weil dort eine gehörige Unordnung herrschte, eine sehr leichtsinnige oder dumme Unordnung noch dazu, weil nämlich lauter feuergefährliche Dinge ganz nah beim Ofen standen. Dabei hält Rainer Pinggera sonst, wie ich sehen konnte, penibel Ordnung, im Haus wie im Stall.«

Duonna Lina wunderte das weniger: »Wenn Cucu in Hektik gerät, bringt er öfters Dinge durcheinander. Dabei kann es leicht passieren, dass er sich gefährdet.«

Die Erklärung enttäuschte ihn etwas. »Schön, aber das ist bloß ein Punkt. Den Ausflug zur Padellahütte wollte er nur mitmachen, wenn Rudis Freundin Annamaria mitkam. Das an sich war schon verwirrend, es klang, als fühle er sich plötzlich nicht einmal mit Rudi mehr sicher, dabei hatte er nach seinem ersten Aufenthalt im Spital nur mit ihm nach Hause gehen wollen. Und in der Padellahütte war Annamaria da, und Herr Pinggera läuft fort. Wie passt das zusammen? Dazu noch in die pralle Sonne und an die heißeste Stelle am Berg, wie irgendein naiver Tourist!«

»Cucu ist ün testard«, stellte Duonna Lina kopfschüttelnd klar, »wie heißt das auf Deutsch? Ein Starrkopf. Vermutlich wollte er sich etwas beweisen, weil ihm der Brand in der Scheune peinlich war. Im Kopf ist er immer noch achtzehn.« Sie lächelte Capaul an. »Sar Massimo, Sie werden sich noch wundern, wie kurz so ein Leben ist und wie plötzlich alles vorbei. Svelt scu'l vent. Man hat gar keine Zeit, im Kopf alt zu werden.«

Capaul versuchte, sich den romanischen Ausdruck zu merken, um ihn auf dem Revier von Jon Luca übersetzen zu lassen, dabei fiel ihm erst jetzt ein, dass er von ihrem Gespräch keine Notizen machte. Er wollte gerade das Blöckchen zücken, da eilte Dr. Hauser durch den Eingangsbereich, mit hochgestelltem Kragen und Ohrwärmern.

Capaul sprang auf. »Herr Hauser, wir sind wegen Rainer Pinggera hier. Wie geht es ihm?«

Doch Hauser war schon in einem der Flure verschwunden.

Duonna Lina ging auf sein Erscheinen gar nicht erst ein. »Vielleicht«, sinnierte sie, »wäre alles anders gekommen, wenn ich die Suppe nicht so lange gekocht hätte. Je länger sie kocht, umso mehr kräftigt sie. Suppe aus freilaufenden Hühnern braucht besonders lange, sechs Stunden, wenn sie heilen soll, die gab ich ihr. Als ich damit aber zu Cucu kam, war schon die Ambulanz da. Viele kochen eine Krankensuppe nur drei Stunden lang, vielleicht hätte eine solche dünne Suppe ihn noch gerettet. Aber ich bin eben auch stur.« Sie hatte ganz sanft gesprochen, und sie formulierte jedes deutsche Wort mit solcher Sorgfalt, als rezitiere sie ein Gedicht.

»Duonna Lina, Sie reden von Ihrem Freund, als sei er schon tot!«

»Meinem Freund«, wiederholte sie amüsiert, »wie das klingt! Er war so viel mehr als mein Freund. Doch ja, Sie haben recht: Ich bin sicher, er ist tot. Sehen Sie, seit Schnee fällt, ist es nicht mehr wirklich kalt draußen, ich würde gar sagen, es ist fast lieblich. Wenn da ein Arzt den Kragen hochstellt, ist ihm einer gestorben, das lasse ich mir nicht ausreden.«

Capaul gefiel ihre Logik. »Trotzdem«, wandte er ein, »kommen dafür bestimmt viele Patienten infrage. Bei Wetterwechseln sterben sie wie die Fliegen. Meine Mutter zum Beispiel ist gestorben, als der Föhn zusammenbrach.«

Duonna Lina sagte darauf nichts mehr. Kurz betrachtete sie Capaul stumm, dann fragte sie: »Möchten Sie vielleicht etwas Hühnerbrühe?« Und schon schraubte sie den Deckel vom Gefäß. Darunter lag ein sehr kurzstieliger Löffel auf einem zweiten Deckel. Sie reichte Capaul den Löffel und hob den zweiten Deckel ab. Gleich duftete es nach Hähnchen, Muskatnuss und Lorbeer.

Capaul hatte bei Bernhild die Pizochels liegenlassen und war entsprechend hungrig. So konnte er nicht widerstehen. Er nahm Duonna Lina den Topf ab, stellte ihn auf seine Knie und begann zu löffeln. Er war ganz versunken. »Ich glaube nicht, dass ich je eine bessere Hühnersuppe gegessen habe«, stellte er endlich fest.

»Das ist das Problem«, erklärte Duonna Lina nochmals, »sie wird nur so, wenn sie sechs Stunden köchelt.«

Damit lenkte sie seine Gedanken wieder auf den Fall. »Noch etwas lässt mich nicht los: Herr Pinggera war überzeugt, dass ihn jemand ermorden will.«

Duonna Lina sah erst einer Gruppe Italiener nach, die diskutierend das Spital verließ, dann fragte sie: »Schon aufgegessen?«

»Nein, nein«, sagte er und löffelte weiter.

Er glaubte, sie habe seine Bemerkung überhört. Doch nachdem sie eine Weile nachgedacht hatte, erklärte sie: »Wir Bündner, ganz besonders die Romanisch sprechenden, sehen uns gern als Opfer. Ich würde sogar sagen, das ist unser Volkssport. Wenn wir über die eigenen Füße stolpern, sehen wir uns nach einem um, der uns ein Bein gestellt hat. Versäumen wir es, eine Rechnung zu bezahlen, und werden gebüßt, schimpfen wir auf das Amt statt auf uns. Vielleicht sind wir deshalb wehleidiger als andere, weil wir wissen, dass wir aussterben. Vielleicht sind wir deshalb auch fauler. Jedenfalls sind Männer wie Rudi, Cucus Neffe, die große Ausnahme. Männer, die anpacken, die etwas verändern wollen, bleiben normalerweise nicht im Engadin, die gehen ins Unterland, nach Zürich oder Basel, oder meinetwegen nach Amerika.«

»Was gäbe es denn zu verändern?«, wollte er wissen.

Duonna Lina stutzte, dann lachte sie hell auf. »Vermutlich überhaupt nichts«, gab sie zu. »Nur in den Köpfen der Leute müsste man ein Schräubchen drehen. Wissen Sie, Sar Massimo, wir leben hier in der schönsten Gegend überhaupt. Die Berge, die Luft, das Licht! Die Häuser, die Tiere! Die Leere! Wir haben, was wir brauchen, zu trinken, zu essen, Holz, um zu heizen. Sogar ein Spital. Che furtüna! Dazu dürfen wir in Häusern leben, die unsere Urururgroßeltern gebaut und unterhalten haben, mit ihren eigenen nackten Händen, in fünfhundertjährigen Häusern aus handbehauenem Stein und von Hand geschlagenem Holz. Allein das ist ein unermessliches Geschenk. Aber was geschieht? Die Jungen wollen wohnen wie die Leute im Fernsehen, zwischen Glas und Beton. Sie ziehen in die Stadt. Die reichen Städter dafür kommen zu uns, kaufen unsere Häuser für viel Geld, aber nicht, um darin zu wohnen. Sie höhlen sie erst aus, betonieren, setzen Glasfassaden ein, dann lassen sie sie leer stehen. Sie kommen höchstens für zwei, drei Wochen im Jahr, um Ski zu fahren.« Ihre Augen funkelten, dann lachte sie erneut laut auf. »Jetzt habe ich mich in Rage geredet und darüber ganz vergessen, wonach Sie gefragt hatten, Sar Massimo.«

»Genau danach«, versicherte er. »Leben Sie denn noch im Haus Ihrer Vorfahren?«

»Ja, aber zur Miete. Der größere Teil des Hauses ist schon umgebaut, und wenn ich sterbe, bauen sie auch meine Wohnung um. Die Pläne dazu liegen bereit.«

»Warum haben Sie verkauft?«

Duonna Lina hob die Schultern. »Sie machen sich keine Vorstellung, was so ein Haus an Geld verschlingt. Üna inguorduna, ein Vielfraß. Wenn man nicht selbst Hand anlegt, ist das mit einer kleinen Rente nicht zu schaffen. Und ich kann nun mal nicht mehr jedes Jahr aufs Dach klettern, um Ziegel zu ersetzen, die in der Kälte gesprungen sind. Oder mir einen neuen Stubenofen mauern. Bis vor etwa zwei Jahren hat Cucu mir bei solchen Sachen geholfen, aber dann wurde es zu gefährlich. Ich wollte nicht, dass er für mich zu Tode kommt.«

»Sie machen ihm dafür die Wäsche, habe ich gehört.«

»Nein, die besorgt er immer noch selbst. Ich helfe ihm putzen, und wenn ich koche, dann meist eine doppelte Portion. Aber nicht dass Sie denken, wir würden zusammen essen. Wenn zwei Leute hier den Tisch teilen, ist es so gut, als teilten sie das Bett. So sind wir nicht. Wenn, dann ist es wie mit Ihnen jetzt: Cucu isst, ich sehe ihm zu. Ich sehe gern zu, wie Leute essen, was ich für sie gekocht habe, Sie nicht? Und haben Sie gemerkt? Jetzt habe ich doch wieder geredet, als wäre er noch am Leben.«

Capaul nickte, dann erwiderte er: »Ich koche nicht so gern für andere, nein.« Gleichzeitig drang eine Männerstimme durch den Flur. Er stand auf und sah nach, vielleicht war es Dr. Hauser oder Rudi. Doch er entdeckte niemanden, und nachdem er sich wieder gesetzt hatte, fügte er hinzu: »Ich habe lange für meine Mutter gekocht, und die hat das meiste wieder ausgespuckt.«

Duonna Lina wollte etwas erwidern, doch eben da begleitete Dr. Hauser, nun im Kittel, Rudi und Annamaria zum Ausgang. Bei der Loge blieb er stehen und reichte ihnen die Hand. »Wie Ihr Onkel gestorben ist, tut mir sehr leid. Das ist die bittere Wahrheit unseres Berufs: Wir können den Tod nur hinauszögern, nicht aufhalten.«

Rudi winkte ab. »Ich bin froh, dass er nicht noch länger leiden musste.«

Hauser nickte. »Ich glaube auch, dass wir richtig entschieden haben. Wichtig ist nicht, wie viel Zeit wir haben, sondern wie wir sie nutzen. Und ich bin überzeugt, er hatte ein gutes, reiches Leben.«

Annamaria schien nicht mehr mitzuhören, sie stand abgewandt und trocknete mit einem zu einem kleinen Ball geknüllten Papiertaschentuch die Tränen. Dann weinte sie wieder heftiger, und ein Schauer durchfuhr sie.

Capaul ging um die Pflanzentöpfe herum und trat zu ihnen. »Habe ich recht gehört, Herr Pinggera ist tot? Duonna Lina wollte zu ihm, sie wurde abgewiesen. Ich übrigens auch. Dürfen wir wenigstens seine Leiche sehen?«

Duonna Lina war ihm nachgekommen. »Nur wenn es keine Umstände macht«, ergänzte sie. Sogar jetzt lächelte sie.

»Er wird gerade gewaschen«, erklärte Annamaria, bevor sie Duonna Lina umarmte und etwas in ihre Schulter weinte.

Und Rudi sagte über Annamaria hinweg: »Lina, ich rate dir davon ab, Onkelchen ist wirklich kein schöner Anblick.

Er hat einen knallroten Kopf, der Rest sieht aus wie eine Bienenwachskerze. Behalte ihn lieber in Erinnerung, wie du ihn gekannt hast.«

»Den roten Kopf habe ich schon gesehen, durch die Scheibe des Ambulanzwagens«, erwiderte Duonna Lina. »Aber es muss nicht sein, es ist mir nicht allzu wichtig.«

Capaul seinerseits wiederholte: »Ich würde die Leiche schon gern sehen.«

Doch Herr Hauser stellte klar: »Es besteht nicht der geringste Grund, dass die Polizei Rainer Pinggeras Totenruhe stört. Die Todesursache ist völlig unauffällig, Leberversagen. Über die Gründe dafür brauchen wir nicht zu spekulieren, er hatte sehr viel Alkohol im Blut.«

Und ehe Capaul insistieren konnte, hatte Rudi seine Hand gefasst und schüttelte sie herzlich. »Danke für Ihr Engagement, Capaul. Ich werde das nicht vergessen. So wenig wie unsere Verabredung zum Skifahren.«

Dann löste Annamaria ihre Arme von Duonna Linas schmalem Körper, fasste sie beim Ellbogen und schlug vor: »Komm, wir bringen dich heim. Und dann schauen wir uns Fotos von früher an.«

Während Dr. Hauser in der Loge verschwand, nahmen Rudi und Annamaria Duonna Lina in ihre Mitte, sie ging bereitwillig mit. »Macht euch nur keine zu großen Hoffnungen«, bat sie, »ich glaube nämlich nicht, dass ich überhaupt ein Foto von Cucu habe. Wozu auch?«

Capaul war schon auf dem Weg zurück in die Cafeteria, als das Trio haltmachte. Es war Rudi, der gebremst hatte. »Capaul, sollen wir Sie eigentlich irgendwo absetzen?«, fragte er.

»Nein, nicht nötig. Aber hier steht noch Duonna Linas Suppengefäß.«

»Essen Sie in Ruhe fertig, es steckt viel Liebe in dieser

Suppe«, forderte sie ihn auf. »Geben Sie es irgendwann bei meiner Nachbarin ab, sie führt in Zuoz ein Geschenklädelchen, in der Via d'Aguël. Das war übrigens mal mein Haus.« Nachdem sie ihm mädchenhaft zugewinkt hatte, hakte sie sich wieder bei Annamaria und Rudi ein und zog sie mehr auf den Parkplatz, als dass sie sich führen ließ. Das führte zu einem kleinen Gerangel, denn sie steuerte den öffentlichen Parkplatz an, doch Rudi hatte auch diesmal im Ärztebereich direkt beim Eingang geparkt.

»Moment«, rief Capaul und eilte ihnen nach, »Annamaria, die Flasche. Wo haben Sie sie gesehen?«

»Welche Flasche?«, fragte Annamaria verständnislos zurück, während Rudi Duonna Lina ins Auto half.

»Die Weinflasche, die ihn so benommen gemacht hat. Sie haben behauptet, Sie hätten sie gesehen. Wo?«

»Was spielt das jetzt noch für eine Rolle? Sie lag neben ihm im Öv in painch, als ich ihn gefunden habe.«

»Das heißt, Sie haben sie liegenlassen?«

»Glauben Sie mir, ich hatte an Rainer genug zu schleppen«, sagte sie und setzte sich zu den anderen in den Wagen.

VI

Capaul kehrte ins Spital zurück und sah zu, wie Rudi den Motor startete, die Rücklichter des Mercedes malten rote Kringel aufs beschlagene Glas des Windfangs. Dann wandte er sich ab und suchte eine Treppe, die ins Untergeschoss führte. Der Leichenkeller war leicht zu finden, er brauchte nur dem vertrauten Geruch von Karbolsäure und Formalin zu folgen. Der Weg dorthin führte einen schmalen betonierten Flur entlang, an dessen Wänden sich fahrbare Liegen reihten. Capaul zählte dreißig Stück, das reichte für eine größere Lawinenkatastrophe oder ein Busunglück.

Der Leichenkeller war nicht verschlossen, eine einfache Schwingtür führte hinein. Es brannte allerdings kein Licht, Capaul musste eine ganze Weile nach dem Schalter suchen. Ein leises Summen, das an Maikäfer erinnerte, führte ihn schließlich zum Verteilerkasten. Er machte Licht, die Leuchtstoffröhren klimperten. Der Seziertisch war leer, der Fußboden darunter trocken, nichts deutete auf einen kürzlichen Todesfall hin. Offensichtlich wuschen sie den alten Pinggera auf der Station, nicht im Keller, wie Capaul es vom Sterbehospiz gewohnt war, in dem er die letzten Jahre vor seiner Polizeiausbildung gearbeitet und wo er den Tod seiner Mutter erwartet hatte.

Er öffnete die Kühlschränke, fand aber nur ein Mädchen mit zerschundenem Körper und gebrochenen Gliedern, die auf einen Verkehrsunfall hinwiesen, außerdem eine alte Frau mit Resten von Klebeband auf der Gesichtshaut: Vermutlich war sie intubiert gestorben.

Capaul beschloss zu warten, bis Pinggera gebracht wurde. Er setzte sich auf einen Rollschemel, schlenkerte hin und her und genoss die Vertrautheit des Orts. Das periodische Brummen des Kühlaggregats, das nervöse Klicken einer Lichtröhre, die kurz davor war, den Geist aufzugeben, dazu das matte Kollern der Stuhlrollen auf den Fliesen hatten etwas Beruhigendes, ja Festliches. Durch ein Oberlicht schien eine jodfarbene Parkplatzleuchte, davor tanzten Schneeflocken. Capaul fiel ein Weihnachtsdienst ein, den er im Leichenkeller verbracht hatte, in Gesellschaft einer Frau Röthlisberger, die an ihrem elften Hirnschlag endlich hatte sterben dürfen und die er eilig für einen größeren Verwandtenbesuch zurechtmachen musste. Damals hatte eine Praktikantin ihm im Auftrag der diensthabenden Ober einen Teller Kekse und Punsch im Stahlkännlein gebracht, das erinnerte Capaul an das Suppengefäß, das er zu Boden gestellt hatte, als er nach dem Lichtschalter getastet hatte. Er holte es und aß die letzten Löffel, mittlerweile war die Suppe kalt.

Irgendwann erhob er sich, um die Wäscherei zu suchen. Als er allerdings einen Pfleger oder Putzmann den Flur entgegenkommen sah, beschloss er, einer Konfrontation aus dem Weg zu gehen. Er hob das Suppengefäß, als gebe es ihm eine Legitimation, sich hier unten aufzuhalten, rief dem Mann zu: »Des einen Tod, des anderen Rettung«, und nahm die nächste Treppe, die nach oben führte.

Es war fast zehn, und er entschied, in den Wassermann zurückzukehren. Während er im Bad Duonna Linas Suppengefäß auswusch, hörte er nebenan den Fernseher laufen, ging hin und klopfte.

Bernhild rief: »Hereinspaziert«, und er öffnete die Tür. Sie saß mit Peter auf dem Canapé und sah sich *Wetten, dass..?* an. »Und?«, fragte sie.

»Er ist tot.«

Sie drehte den Fernseher leise. »Oh, das tut mir leid. Ich meinte die Wäsche.«

Gleichzeitig fragte Peter: »Woran ist er gestorben? Schön, er war nicht gerade fit, als wir ihn im Öv in painch gefunden haben, aber dass er gleich sterben würde …«

»Leberversagen. Dem Arzt nach war er Alkoholiker.«

»Pinggera? Das würde mich sehr wundern«, sagte Bernhild. »Es gibt Säuferinnen, denen man nichts anmerkt, aber Männer? Ich erkenne jeden Süffel.«

»Aber wie kommt es dann zum Leberversagen? Vielleicht war etwas Stärkeres als nur Wein in der Flasche?«

Peter und Bernhild schüttelten synchron die Köpfe. Bernhild sagte: »Egal, was er getrunken hat, für eine Alkoholvergiftung reicht eine Flasche Schnaps, aber um die Leber zu ruinieren, braucht es mehr als das.«

»Außerdem hatte er blaue Verfärbungen im Mund, das sieht schon sehr nach Rotwein aus«, fügte Capaul hinzu. »Ich sehe drei Möglichkeiten: Pinggera war ein sehr, sehr vorsichtiger, überaus geschickter Alkoholiker. Die Leber hat aus anderen Gründen versagt. Oder Dr. Hauser irrt in der Todesursache.«

»Na, dann komm, setz dich«, sagte Bernhild, rückte eine Handbreit auf die Seite und klopfte aufs Canapé. »Sie zeigen die besten Wetten aus der Ära Gottschalk. Dazu öffnen wir eine Flasche.«

»Nein, mir ist nicht nach Fernsehen«, sagte Capaul und blieb in der Tür stehen. »Ich will die Flasche finden. Wie komme ich zur Padellahütte?«

»Wozu das denn? Denkst du, es war Gift drin?«, spöttelte Bernhild, während Peter aufstand und unternehmungslustig sagte: »Ich fahre dich.«

»Großartig«, sagte Capaul, und zu Bernhild: »Ich denke

gar nichts, ich wundere mich nur. Irgendwie will nichts zusammenpassen. Vielleicht ist das normal, keine Ahnung, es ist mein erster Fall. Aber die Sache kann man doch nicht so stehenlassen.«

»Dann los, da lang.« Peter versuchte ihn aus der Tür zu schieben.

»Moment, Moment«, rief Bernhild. »Auf den Piz Padella, jetzt, mitten in der Nacht, bei Schneetreiben! Geht es noch blöder?«

Peter sagte: »Mit dem Traktor ist das ein Kinderspiel.«

»Ja, klar, und dann schaufelst du mal eben ein Geröllfeld von der Größe eines Fußballstadions schneefrei, um im Dunkeln, bei bedecktem Himmel, eine weggeworfene Weinflasche zu finden?«

»Im Öv in painch liegt noch kein Schnee«, erklärte Peter ruhig, und mehr an Capaul als an Bernhild gewandt fuhr er fort: »Der Hang heizt sich tagsüber so sehr auf, dass der Schnee gleich wieder schmilzt. Deshalb heißt er ja auch Spiegelei, weil man darin regelrecht gebraten wird, wie das Ei in der Bratpfanne. ›Padella‹ heißt Pfanne, und wenn im Sommer der Piz Padella verschneit ist, sticht der Öv in painch aus dem Hang heraus wie das Dotter aus dem Eiweiß. Es dauert mindestens zwei Tage, bis er so weit abkühlt, dass der Schnee auch dort liegen bleibt.«

»Das alles ist noch kein Grund, mitten in der Nacht auf die Suche zu gehen«, stellte Bernhild fest.

Peter zog die Brauen hoch. »Bei Tag riskieren wir, unter ein Schneebrett zu geraten. Das ist Sommerschnee, damit ist nicht zu spaßen. Nein, jetzt ist schon der richtige Zeitpunkt.«

Nun war es Capaul, der drängte. »Worauf warten wir?«

Bernhild wollte sie noch immer nicht ziehen lassen. »Es soll doch tauen, wieso fahrt ihr nicht in zwei, drei Tagen hoch?«

»Weil in der Höhe der Schnee nicht so schnell schmilzt«, erklärte Peter, als spräche er zu einem Kind. »Im Gegenteil, er wird schwer und rutscht ab. Übrigens soll es Mitte der Woche schon wieder schneien.«

Bernhild schüttelte resigniert den Kopf, dann drehte sie den Fernseher aus. »Meinetwegen, dann komme ich aber auch mit. Besser als Gottschalk ist es allemal.«

»Nein, du bleibst hier«, erklärte Peter überraschend harsch, »das ist Männersache. Und auf dem Traktor ist nur Platz für zwei.«

Peters Hof lag talauswärts, fast in Bever, und Peter schlug ein Tempo an, bei dem Capaul nur mühevoll mithalten konnte. Außerdem rutschte ihm immer wieder Schnee in den Schuh, denn sie nahmen die alte Straße, und die war nicht geräumt. Erst als sie die Zufahrt zum Hof erreichten, blieb Peter kurz stehen. »Dafür tust du mir einen Gefallen«, sagte er ansatzlos. »Du lässt die Finger von Bernhild. Sie ist alles, was ich habe.«

»Kein Problem«, antwortete Capaul. »Kann ich dafür vielleicht bei dir meine Wäsche waschen?«

»Nein«, sagte Peter und stapfte dem Hof zu, es ging ordentlich bergauf. »Ich lebe inzwischen über der Garage, im Stöckli, und habe selber keine Waschmaschine. Karin wäscht meine Wäsche.«

Im nächsten Augenblick erfasste sie ein Sensor, blendend helle Scheinwerfer gingen an, und ein Hund begann zu bellen. Das Licht blendete so sehr, dass Capaul die Häuser oder Ställe nur erahnte. »Wer ist Karin?«, fragte er. Gleichzeitig wurde ein Fenster aufgerissen. Capaul schirmte das Licht mit der Hand ab und erkannte eine vielleicht dreißigjährige Frau mit strähnigem oder nassem Haar.

»Pap, was treibst du so spät noch im Hof?«, rief sie. »Wie

oft muss ich dir noch sagen, dass du nachts hinten durchsollst? Wir brauchen unseren Schlaf. Und wer ist das?« Sie zeigte auf Capaul. »Versetzt du etwa auch noch den Hof unter unserem Hintern?«

»Nein, ich tue der Polizei einen Gefallen«, erklärte Peter mit belegter Stimme. »Dazu brauche ich den Traktor.«

»Wozu? Was für einen Gefallen? Und was ist das für ein Polizist? Ich kenne ihn nicht.«

»Es gab ein Unglück, wir fahren zum Öv in painch. Und Massimo ist der Neue.«

»Zum Öv in painch, mitten in der Nacht?«, wunderte sie sich, dann mahnte sie Capaul: »Sie sind dafür verantwortlich, dass nichts passiert. Um meinen Vater ist es nicht weiter schade, aber den Traktor brauchen wir noch. So, wie er uns in die Miesen geritten hat, können wir uns keinen neuen leisten.«

Resolut schloss sie das Fenster, auch der Hund beruhigte sich, und weil Capaul nichts Besseres einfiel, sagte er: »Was sich liebt, das neckt sich.«

Peter wandte sich schweigend ab und wuchtete das Garagentor auf, dann holte er aus verschiedenen Ecken der Garage und aus einem angrenzenden Schuppen Handschuhe, Stirnlampen, einen Spaten, ein Seil und noch so einiges, stopfte alles in einen Futtersack und winkte Capaul zum Traktor. Capaul musste sich hochhelfen lassen, Peter klappte den Beifahrersitz aus und zeigte ihm, wie er sich festhalten sollte. »Es hat sich mal einer den Unterarm gebrochen, weil er sich dumm angestellt hat«, erzählte er, und als sie saßen: »Karin verzeiht mir nicht, dass ich Land verkauft habe. Jetzt sind sie Pächter auf dem eigenen Hof. Ich dachte, ich tue ihnen etwas Gutes. Ich dachte, ich mache Gewinn, ich wollte mit dem Geld modernisieren, bevor ich den Hof übergebe. Damals hatte ich hier noch das Sagen.«

»Wann war das?«, fragte Capaul.

»Nicht lange her, Anfang des Jahres. Aber als herauskam, dass ich mich verzockt hatte, musste ich sofort abgeben. Erst wollte Karin mich sogar entmündigen, sie hat gehofft, der Handel lässt sich dadurch rückgängig machen. Das war dann aber nicht so. Ich sage dir, Massimo, wenn ich noch ein bisschen Geld hätte, würde ich eine Lebensversicherung abschließen und es machen wie Rainer: eine Flasche Wodka im Schnee und tschüss. Damit wären sie wieder in den schwarzen Zahlen. Der Hof deckt kaum den Pachtzins. Wenn kein Wunder geschieht, müssen wir in zwei oder drei Jahren hier weg. Mein einziger Trost ist, dass es noch ein paar andere Dumme gab wie mich.«

»Wen denn noch?«, fragte Capaul. »Pinggera etwa?«

»Welchen meinst du, Rainer oder Rudi?«

»Ich meinte Rainer. Hat Rudi denn Land?«

Peter zuckte mit den Schultern. »Natürlich redet keiner darüber. Ich hätte ja auch nichts gesagt, aber Karin hat es gleich überall herausposaunt. Jedenfalls, der Rainer hat ganz bestimmt nichts verkauft. Einer, der seine Schuhe aufträgt, bis die Sohlen abfallen, gibt kein Land ab, egal um wie viel Geld es geht.«

Darüber konnte man streiten, aber Capaul wollte endlich los, und daher sagte er nur: »Das mit der Lebensversicherung funktioniert übrigens nicht, Selbstmord kann man nicht versichern.«

Peter startete den Zweitaktmotor. »Weiß ich auch«, rief er gegen das dröhnende Gestotter an. »Aber redet bei Rainer jemand von Selbstmord?«

Die Bemerkung gab Capaul zu denken, allerdings nur so lange, bis sie wieder auf der alten Straße waren und die paar hundert Meter weiterfuhren bis zu der Abzweigung, die hinauf zur Padellahütte führte. Dazu, dass Pinggera Selbstmord begangen haben könnte, passten die Details noch viel weniger als zu einem natürlichen Tod.

Dann wurde die Fahrt zum Abenteuer: Erst war die Straße durch einen Sperrriegel blockiert, den Capaul am Mittag nicht bemerkt hatte, glücklicherweise gelang es Peter, den simplen Mechanismus auszuhebeln. Danach kämpfte Capaul darum, nicht vom Traktor katapultiert zu werden, denn Peter pflügte mit Höllenkaracho die unberührte Schneedecke. Mit Todesverachtung überfuhr er Bordsteine oder Fallholz, und ihn konnte nicht einmal die Tatsache bremsen, dass das Gelände jenseits der Straße meist jäh abfiel und die wenigen jungen Bäume im Hang kaum ausreichen würden, um einen mehrere Tonnen schweren ausgebrochenen Traktor aufzuhalten. Capaul kam kaum dazu, die Landschaft zu beachten, er stellte nur fest, dass sie ihm völlig fremd vorkam, die Wegmarkierungen der Gemeindearbeiter waren das Einzige, was ihn an die malerische Fahrt im Citroën Jumper erinnerte, dabei war sie nur ein paar Stunden her.

Viel schneller als erwartet erreichten sie den Hüttenboden. Kurz vorher bog Peter ab und steuerte den Traktor quer über die Wiese. »Ich suche eine Stelle, von der aus ich den Scheinwerfer auf den Öv in painch richten kann«, schrie er Capaul durch den Motorenlärm zu, und er fand sie auch. »Ich bin im Suchtrupp. Wenn im Winter jemand von einer Lawine verschüttet wird, sind wir da«, erzählte er, und das merkte man ihm an. Nachdem sie abgestiegen waren, verband er sich und Capaul zu einer Seilschaft, danach liefen sie, das Seil immer gespannt – fünf Meter –, nebeneinander den Hang auf und ab. Mit einer Dose Markierungsspray, wie man sie fürs Vieh gebraucht, setzte er am oberen und unteren Ende des Hangs jeweils einen »Rasterpunkt«, wie er es nannte, damit sie ihn möglichst effizient »scannten«.

Es war eine kräftezehrende Arbeit, nicht so sehr körperlich, doch die Lampen warfen harte Schatten, und der stete Wechsel von grellem, gleichzeitig diffusem Licht und fast völliger Finsternis ermüdete die Augen ungemein. Da erwies es sich als Glück, dass der Pinggera bei seinem Ausflug in den Öv in painch die Mütze verloren hatte: Wie eine Pfütze Blut lag sie zwischen den Steinen. Das engte den Suchradius ein, sie brauchten nur noch der Verbindungslinie zwischen Mütze und Hütte zu folgen und fanden endlich, vielleicht zwanzig Meter tiefer, die Flasche. Sie war, Öffnung nach unten, in einen Felsspalt gerutscht – leider, denn damit war auch das letzte Restchen Flüssigkeit ausgelaufen. Dem goldglänzenden Etikett nach hatte es sich um einen zehnjährigen Rioja Santa Angela Gran Reserva gehandelt.

Peter drehte die Flasche zwischen den Handschuhen. »Also, wenn Mosse und Anke den in der Hütte verkaufen, fresse ich einen Besen.« Capaul fürchtete, sie könnte Peter entgleiten, und nahm sie ihm ab, um sie unter seiner Jacke zu bergen. Dann kehrten sie zum Traktor zurück.

»Warte«, sagte Capaul, als Peter schon aufsteigen wollte, »ich möchte doch lieber noch das Weinlager sehen. Wenn die Flasche nicht von hier ist, begreife ich noch weniger.«

»Da ist aber niemand mehr.«

»Ich denke, diese Berghütten stehen immer offen, für den Fall, dass ein Berggänger sich verirrt oder verletzt und Schutz braucht«, sagte Capaul.

»Auch wieder wahr«, sagte Peter und stieg mit ihm zur Hütte hoch. Sie stand tatsächlich offen, der Vorratskeller hingegen war verschlossen. Während Peter sich auf die Suche nach dem Schlüssel machte, durchforstete Capaul hinter der Hütte das Altglas-Depot – dort lagen nur Fendant- und Maienfelder-Flaschen.

Als er wieder die Hütte betrat, um vom Anschlagbrett Mosses Handynummer zu notieren, öffnete Peter gerade zwei Flaschen Bier.

»Kein Schlüssel weit und breit«, sagte Peter.

»Macht nichts, ich rufe morgen diesen Mosse an.«

Doch Peter sagte: »Ich weiß was Besseres, gib mir mal die Flasche.« Er schoss ein Foto davon und schickte es Mosse per SMS. *Führt ihr den?*, tippte er dazu. Dann machte er es sich auf dem Tresen gemütlich, reichte Capaul ein Bier und stieß mit ihm an. »Auf unseren Fund.«

Capaul war müde, aber als er an sein miefiges Zimmer dachte, schwang er sich neben Peter auf den Tresen und ließ die Beine baumeln.

Sie hatten noch keine drei Schlucke getrunken, da rief Mosse auf Peters Handy an.

»Na, auch schlaflos?«, fragte Peter und reichte das Handy an Capaul weiter.

»Was ist mit dieser Flasche?«, fragte Mosse. »Ich kenne die Marke nicht, das ist nicht unser Stil.«

»Wessen Stil dann?«, fragte Capaul. »Rainer Pinggera hatte sie auf seinem Ausflug dabei, ich dachte, er hätte sie hier stibitzt.«

»Ich schätze mal, die Marke ist nichts für Leute mit kleinem Portemonnaie.«

»Trinkt Rudi Pinggera so was?«

Mosse lachte. »Ich kann mir schlecht vorstellen, dass Rudi zu einer Kehrausparty seinen eigenen Wein mitnimmt. Außerdem trinkt er nicht mehr, wenn er fährt. Gebranntes Kind, er musste mal für eine Weile den Führerschein abgeben.«

»Vielleicht ist Annamaria gefahren?«

»Um Himmels willen, Rudi lässt sich auch nicht chauffieren, schon gar nicht von einer Frau.«

»Aber wie kommt dann die Flasche hier hoch?«

Darauf hatte Mosse auch keine Antwort, und nachdem er sie noch gebeten hatte, die Fenster im Massenschlag zu schließen, das hatte er beim übereilten Auszug vergessen, legten sie auf.

Capaul gab Peter das Handy wieder. Der sagte: »Ja, der Rudi ist schon ein Phänomen. Die meisten fallen auf die Schnauze, wenn sie stolpern. Der Rudi fällt immer auf die Füße, wie eine Katze, dem lacht einfach das Glück. Man sollte meinen, mit der Olympia-Pleite sei der genauso hereingefallen wie ich, aber hast du ihn heute gesehen? Der strahlende Sieger! Manche behaupten, er nimmt Drogen. Oder dass er so spirituelle Sachen macht. Aber wenn du mich fragst: Der ist einfach klüger als wir. Er hat sich zwar genauso verzockt, aber nicht mit seinem Geld.«

»Wie soll das gehen?«

»Na, er hat vermittelt und dafür Provision kassiert. Er verkehrt ja dauernd mit Bonzen, er hockt den lieben langen Tag im Kempinski oder im Kulm und mischelt. Ich habe gehört, er wohnt sogar da. Und solche Bonzen sind natürlich froh, wenn einer kommt und sagt: ›Ich habe da was mit richtig fetter Rendite.‹ Irgendwo müssen sie ja hin mit ihrer Kohle. Die Banken zahlen nicht mal mehr Zinsen, im Gegenteil.«

»Und worauf gibt es fette Rendite?«

»Auf Land. Die Behauptung war ja, wenn die Olympiade kommt, wird nicht gebaut, sondern es werden nur bestehende Gebäude genutzt. Aber hallo, wie soll das gehen? Da kommen Tausende Sportler und Betreuer und Medienfuzzis, natürlich wäre gebaut worden. ›Ja, vielleicht provisorisch‹, hat es geheißen. Und dafür wäre Land umgezont worden, im großen Stil: ›Ist ja nur provisorisch.‹ Aber ganz klar, die provisorischen Bauten wären geblieben, gebaut ist gebaut. Den großen Reibach hätten sie in St. Moritz gemacht mit der Meiereibucht, das ist die Bucht im St. Moritzersee Richtung Pontresina, und dem Land hinterm neuen Feuerwehrdepot beim Campingplatz. Aber das reicht nicht aus für so viele Leute und Werkstätten und Fernsehstudios. Entlang der Kantonsstraße wäre wahrscheinlich so ziemlich alles zubetoniert worden, von Zuoz bis Maloja. Damit war jeder Bauer, der dort Land hatte, theoretisch reich.«

»Aber dein Hof ist doch oberhalb der Straße?«

»Schon, aber fast alle haben auch unten Ackerland, das lässt sich viel leichter bewirtschaften als die Hänge.«

»Und haben viele verkauft?«

»Keine Ahnung. Im Vertrag steht natürlich, dass man die Klappe halten muss. Hätte ich auch, Karin hat überall rumgequatscht.«

»Und wer kam auf dich zu?«

»Na, eben der Rudi. Wenn er über Olympia doziert hat, klang alles super.«

»Also dann gehört dein Land jetzt ihm?«

»Nein, er war nur der Vermittler.«

»War es eine Firma, die gekauft hat?«

»Ja, aber mehr darf ich jetzt wirklich nicht sagen.«

»Landwirtschaftsland? Ist es nicht so, dass das nur ein Bauer kaufen darf?«

»Doch, ich glaube schon. Wahrscheinlich hat einer von denen das Bauernpatent.«

Danach schweigen sie. Capaul sah in die Nacht hinaus – Peter hatte den Scheinwerfer am Traktor nicht abgestellt, und im fahlen LED-Licht sah der Piz Padella aus wie eine Mondlandschaft. Nach einer Weile sagte Capaul: »Am Stammtisch habe ich gehört, du hast dir das Geld nicht auszahlen lassen. Was heißt das?«

»Was?« Offensichtlich riss er Peter aus Gedanken. »Ach so, dass ich doppelt blöd war. Ich habe mir die Kohle nicht auszahlen lassen, sondern bis nach der Abstimmung stehenlassen. Reinvestiert. Rudi sagte, damit kann ich den Gewinn glatt verdoppeln. Es hieß, den Realwert fürs Land bekomme ich so oder so, nach der Abstimmung war der Realwert aber nur der Landwirtschaftspreis. Das heißt, ich habe mein gutes Ackerland für ein Spottgeld hergegeben und muss es jetzt pachten, teuer pachten natürlich. Hätte ich das begriffen, hätte ich das Land natürlich behalten und erst verkauft, wenn Olympia angenommen ist. Für zehntausend der Quadratmeter, nicht für tausend, wie sie mir angeboten hatten, oder die hundert, die ich schließlich dafür bekommen habe.« Er legte sich quer auf den Tresen und hangelte nach einem zweiten Bier.

»Kannst du danach noch fahren?«, fragte Capaul.

Peter lachte nur. »Kennst du einen Bauern, der nüchtern aufs Feld fährt? Ups, du bist ja Polizist. Das hast du überhört, ja?«

Anstatt zu antworten, hangelte Capaul ebenfalls nach einem zweiten.

Währenddessen fuhr Peter fort: »Und das alles, weil ich es zu gut machen wollte. Mit dem Geld wollte ich Karin dann mal etwas Rechtes hinterlassen. Was habe ich davon? Sie schickt mich ins Stöckli, meine eigene Tochter, von einem Tag auf den anderen. Ich habe nicht mal Kabelanschluss.«

»Apropos, steht hier eine Waschmaschine?«, fragte Capaul, obwohl er sich sagte, dass er kaum so bald wieder hier hochkommen würde.

Peter schüttelte den Kopf. »Zu wenig Strom, das sind noch alte Leitungen. Mit Olympia wäre auch das anders geworden.«

»Sagt Rudi.«

»Nein, nein, das war ein Versprechen des Komitees: Vorrangig werden bestehende Bauten genutzt. Hier oben hätten die Norweger ihr nordisches Team untergebracht. Die Betreuung, das ist ja heutzutage alles Hightech, Trainingscomputer, Massagegeräte, Sauna. Die hätten Massen von Strom gebraucht und dafür auf eigene Kosten neue Leitungen gelegt, die wären natürlich geblieben, wenn die Olympiade vorbei gewesen wäre. Das Konzept war schon clever.«

Das fand auch Capaul, und gern hätte er noch mehr gehört, aber inzwischen umfing ihn bleierne Müdigkeit, und er fürchtete, unterwegs einzuschlafen und vom Traktor zu fallen. »Können wir fahren?«, bat er. »Und vielleicht setzt du mich beim Bahnhofskreisel ab? Ich will etwas aus meinem Auto holen.«

Peter sprang vom Tresen. »Du weißt noch, was du mir versprochen hast, ja?«

Capaul nickte. »Übrigens suche ich ein Zimmer in einer WG, vielleicht hörst du ja mal was.«

VII

Auf der Fahrt hinunter nahm es Peter gemütlich. Das Scheinwerferlicht im Schnee blendete Capaul, das Tal wirkte dagegen tiefschwarz, er erkannte nur die feinen Lichtspuren einzelner Autos. Blickte er lange genug hoch, sah er zwischen den aufgerissenen Wolken die Sterne, endlos viele Sterne. »Sechstausend Fuß jenseits von Mensch und Zeit«, schrie er Peter zu, aber Peter verstand ihn nicht, und nach dem zweiten Mal winkte Capaul ab.

Peter wollte ihn beim Parkplatz erst nur absetzen und weiterfahren, dann stieg er glücklicherweise doch vom Traktor, um den Chrysler zu bewundern. Denn obwohl inzwischen Tauwetter herrschte und der Parkplatz voller Pfützen war, waren die Wagenschlösser vereist, und Peter borgte Capaul sein Feuerzeug.

Beim Enteisen entdeckte Capaul, dass die Wegfahrsperre inzwischen entfernt worden war, und nachdem sie sich verabschiedet hatten, wollte er das Auto in Bernhilds Hof fahren. Der zwei Bier wegen, die er intus hatte, nahm er dann aber doch nur die Überlebensfolie aus dem Kofferraum und stapfte durch den Matsch heimwärts. Es war inzwischen zwei Uhr früh, und nachdem Peters Traktor verklungen war, wurde die Stille im Dorf durch das matte Klopfen unterbrochen, das entstand, wenn der Schnee von den belaubten Ästen der Bäume rutschte und schwer zu Boden fiel.

Unter der Wärmefolie schlief es sich nun auch bei offenem Fenster blendend. Capaul träumte, er sause in einer

Weinflasche die berühmte St. Moritzer Bobbahn hinab, von der in der Padellahütte ein gerahmtes Plakat gehangen hatte, und gewann sogar das Rennen. Die Siegerehrung führte allerdings der bereits leicht verweste Rainer Pinggera durch, und während er ihm die Silbermedaille umhängte – Gold wurde nicht vergeben –, raunte er ihm ins Ohr: »Wenn der Kuckuck ruft, kannst du sicher sein, dass sie auch hinter dir her sind.«

Als Capaul zum Frühstück runterging, wollte Bernhild selbstverständlich gleich hören, ob sie erfolgreich gewesen waren, und er machte kehrt, um die Flasche zu holen, doch sie sagte ihr so wenig wie allen bisher.

»Und was habt ihr sonst so geredet?«, fragte sie.

Capaul erzählte von den Landverkäufen, doch das war es nicht, was sie hören wollte.

»Alles Idioten«, winkte sie ab. »Ich bin nur froh, dass die Abstimmung bachab ging.«

»Du legst doch Tischsets mit der Olympia-Werbung auf.«

»Weil sie gratis waren. Außerdem lege ich sie erst auf, seit die Abstimmung vorbei ist. Ihr habt doch bestimmt auch über mich geredet.«

»Nein, kein Wort«, versicherte Capaul. Das schien es aber auch nicht zu sein, was sie hören wollte, sie murmelte etwas und wandte sich grantig ab.

Nach dem Frühstück wusste er nicht recht, was er mit seiner Zeit anfangen sollte. Um nicht Däumchen zu drehen, beschloss er, das Auto zu holen, und bat Bernhild um ein Feuerzeug.

Die wollte vielleicht etwas wiedergutmachen, denn sie sagte überraschend freundlich: »Hier, zieh die an«, und drückte ihm zum Feuerzeug hinzu Gummibänder mit kleinen eingearbeiteten Eisen in die Hand, die er über die Schuhe ziehen sollte. Erst als er auf die Straße trat, verstand er, warum: In den frühen Morgenstunden war das Thermometer wieder unter null gefallen, wovon er, in seine Rettungsfolie gewickelt, überhaupt nichts mitbekommen hatte. Die Pfützen waren zu Glatteis gefroren, und die wenigen Fußgänger rutschten mehr, als dass sie gingen. Außer ihm mit seinen Eisen. Doch nachdem er den Chrysler ausgeparkt hatte, schlitterte der Wagen unkontrollierbar über den Parkplatz und touchierte endlich die Zahlsäule, immerhin nur leicht. Aber von dort kam Capaul nicht mehr weg, die Räder drehten durch, und er versperrte die Ausfahrt. Nachdem zwei Passanten geschoben hatten, so gut es ging, landete der Wagen einige Meter weiter in der Böschung, und Capaul blieb nichts anderes übrig, als hoch ins Dorf zu laufen und einen seiner Kollegen zu bitten, ihn mit dem Kastenwagen herauszuziehen.

Dort war die Lage noch prekärer, in der abschüssigen Weggabelung beim Mineralbad lagen die Autos ineinander verkeilt wie Treibgut an einem Wehr. Zwei Verkehrskadetten versuchten, den Abschleppdienst zu koordinieren, während Jon Luca am Straßenrand telefonierte und sich ein Spiel daraus machte, mit dem Schuhabsatz gefrorene Radspuren zu pulverisieren. Er trug zivil. Als er Capaul entdeckte, grüßte er mit dem Finger, und nachdem er aufgelegt hatte, rief er den Kadetten zu: »Haltet durch, in einer halben Stunde kommt Verstärkung«, dann sagte er zu Capaul: »Wir haben Glück, dass Sonntag ist, an den anderen Tagen würden sie sich jetzt schon stapeln. Ich habe übrigens dafür gesorgt, dass dein Auto wieder entsperrt wurde.«

»Ja, ich habe schon gesehen, danke«, sagte Capaul. »Ich dachte, mit meinen Allwetterreifen komme ich klar, aber jetzt liegt das Auto im Graben.«

»Allwetterreifen?«, wiederholte Jon Luca und lachte herzlich wie ein kleiner Junge. »Bei solchem Wetter hilft nicht mal Vierradantrieb. Ohne Spikes oder Ketten bist du verloren. Komm mit.«

Womöglich wohnte er um die Ecke, denn aus einem Audi in einer Nebenstraße holte er Ketten und ein Abschleppseil, dann ließ er sich zu Capauls Chrysler führen. Währenddessen telefonierte er kurz mit seiner Freundin, um zu sagen, dass der Sonntagszopf sich verspätete.

»Potztausend«, sagte er, als sie das Auto erreichten.

»So schlimm?«, fragte Capaul. »Ich muss gestehen, was das Autofahren angeht, bin ich totaler Neuling.«

Aber offenbar hatte Jon Luca etwas anderes gemeint, denn nachdem er die Hand ausgestreckt hatte, damit Capaul ihm die Schlüssel gab – Capaul hatte sie stecken lassen –, setzte er sich auf den Fahrersitz, lehnte sich zurück, verschränkte die Hände im Nacken und rief genüsslich nochmals: »Potztausend! Da hast du dir ja was Hübsches angelacht.« Er besah sich alles, wieder strahlend wie ein kleiner Junge, und lachte auch wieder schallend, als er die Instrumententafel studierte. »Am Kilometerzähler hast du aber gedreht«, rief er.

Capaul hatte sich auf den Beifahrersitz gesetzt. »Nein, wieso?«, fragte er.

»Dreitausend Kilometer? So kommt ein Auto aus dem Werk. Und wie alt ist dieser Chrysler, dreißig Jahre, vierzig?«

»Vierunddreißig. Ich sage ja, ich bin noch nicht oft gefahren.«

»Ja, aber das Auto stand doch nicht vierunddreißig Jahre lang unbenutzt in der Garage.«

»Dreiunddreißig«, sagte Capaul.

Jon Luca kratzte sich ungläubig am Kopf, lachte abermals und sagte: »Da hat dir jemand einen Bären aufgebunden. Ein fabrikneuer Oldtimer? So was gibt's einfach nicht.«

»Ich lüge doch nicht«, antwortete Capaul leicht beleidigt. »Meine Mutter hat ihn vor meiner Geburt in Amerika bestellt, er sollte das Hochzeitsgeschenk für meinen Vater sein. Aber bis das Auto ankam, hatte er sie verlassen. Weil sie aber so sehr wollte, dass er zurückkommt, hat sie es behalten, obwohl sie nicht fahren konnte. Es gab immer wieder Leute, die sie überreden wollten, es zu verkaufen. Aber sie hat immer gesagt: ›Der gehört nicht mir, der gehört Paolo, ich kann den nicht hinter seinem Rücken verkaufen‹, und dreiunddreißig Jahre lang die Parkplatzmiete in der Tiefgarage bezahlt. Nach ihrem Tod konnte der Nachlassverwalter meinen Vater nicht ausfindig machen, und ich habe ihn geerbt. Den Fahrausweis habe ich aber erst für die Polizeiausbildung gemacht, und weil er keine Gangschaltung hat, konnte ich nicht mal auf ihm üben.«

Jon Luca sah ihn fasziniert an, murmelte zum dritten Mal »Potztausend!«, danach untersuchte er kopfschüttelnd noch ein paar Details wie den Tacho, der sowohl Meilen als auch Kilometer anzeigte, oder den lederüberzogenen Hebel fürs automatische Getriebe, dann sagte er: »Mit dem könntest du ganz schön Geld machen«, und startete den Motor. »Es sei denn, du setzt ihn noch ein paarmal in den Graben. Lass uns sehen, ob er genügend Grip hat, dass wir ihn auf die Ketten fahren können, ohne zu schieben.«

Offenbar hatte er. Sie stiegen aus, und während Capaul zusah, wie Jon Luca die Ketten auslegte, erklärte er: »Ich könnte den Chrysler nicht verkaufen. Er ist das Einzige, was mir mein Vater hinterlassen hat.«

Jon Luca sah kurz hoch. »Capaul ist ein Bündner Name, woher kam er?«, dann richtete er sich auf und setzte sich wieder hinters Steuer, um den Wagen ein paar Handbreit zurückrollen zu lassen.

Capaul schob – nicht, weil es nötig gewesen wäre, nur um nicht ganz untätig zu sein.

»Capaul ist der Name meiner Mutter«, erzählte er, während Jon Luca wieder ausstieg und beidseits die Ketten einhakte. »Er war Süditaliener, aus Tricase, das ist bei Lecce. Ich habe den Vornamen von ihm, er fand angeblich immer alles *massimo*. Auch als er gehört hat, dass ein Kind unterwegs ist, rief er: ›Massimo!‹ Deshalb hat Mama mich dann so taufen lassen. Obwohl er da schon weg war.«

»Das nenne ich Liebe«, sagte Jon Luca.

»Ich glaube, es war mehr Gehorsam. Sie war sicher, dass er irgendwann zurückkommt, und wollte nichts falsch machen.«

»Woran ist sie eigentlich gestorben?«, wollte Jon Luca wissen. »Sie muss doch noch ziemlich jung gewesen sein.« Doch weil er gleichzeitig Capaul die Tür aufhielt, damit der das Auto aus dem Dreck fuhr, kam Capaul um eine Antwort herum.

»Mir ist lieber, du fährst, mir fehlt gerade der Mut. Du kannst ihn im Hof vom Wassermann parken. Dafür lade ich dich zum Kaffee ein.«

Mit Ketten ließ der Chrysler sich problemlos zurück auf die Straße manövrieren, danach fuhr Jon Luca im Schritttempo zum Wassermann und parkte im Hof.

Als sie ausstiegen, sagte er: »Kaffee gern ein andermal, Monika wartet immer noch mit dem Frühstück.« Er bückte sich, um die Ketten zu lösen. »Wie steht es da bei dir?«

»Womit?«

»Mit einer Freundin. Hast du eine, wo lebt sie, was tut sie? Fernbeziehung als Polizist ist Scheiße. Ich habe das ein halbes Jahr lang versucht, sie war dazu noch Köchin, sie

Schicht, ich Schicht, wir hatten in dem halben Jahr genau einmal an den gleichen zwei Tagen frei.«

»Was arbeitet denn Monika?«, fragte Capaul.

»Sie verkauft Lederwaren in St. Moritz. Schuhe für zweitausend Franken und so. Wir sehen uns jeden Abend, je nachdem bei ihr oder bei mir, wer eben zuerst Feierabend hat. Außer ich habe Spätdienst, aber dann frühstücken wir zusammen.«

»Potztausend, das klingt gut«, stellte Capaul fest, begleitete Jon Luca noch bis zum Sträßchen und verabschiedete sich.

Erst als er in seinem Zimmer die leere Weinflasche auf dem Boden stehen sah, fiel ihm ein, dass er hätte fragen sollen, ob ein interner Bericht nach Rainer Pinggeras Tod noch adäquat war. Eine Weile saß er auf der Bettkante, drehte die Flasche in den Händen und versuchte, drei sinnvolle und erschöpfende Sätze zu formulieren. Etwa: *Ein Stallbrand hat Rainer Pinggera (86) so sehr zugesetzt, dass er kurzzeitig hospitalisiert werden musste. Nach seiner Entlassung versuchte dessen Neffe Rudi ihn aufzumuntern, indem er ihn zur Kehrausparty in die Padellahütte mitnahm. Dort geriet der laut ärztlicher Auskunft gewohnheitsmäßige Trinker in eine erneute Notlage, als er unter ungeklärten Umständen den Nachmittag in der prallen Sonne im Geröllhang Öv in painch verbrachte, ausgerüstet nur mit einer Flasche Rioja, wurde abermals hospitalisiert und starb Stunden später an akutem Leberversagen.*

Er notierte die Sätze in sein Blöcklein, obwohl sie ihn nicht befriedigten. Dann nahm er das Suppengefäß, um es nach Zuoz zu bringen, da heute die letzte Gelegenheit dazu war vor seinem Dienstantritt morgen, und stand schon auf der Treppe, als ihm einfiel, dass Sonntag war und Luzias

Laden bestimmt geschlossen. Er trug es zurück ins Zimmer und ging ohne Plan hinunter in die Wirtsstube. Dort saß dasselbe Quartett beim Kartenspiel wie am Freitag, und Peter winkte ihn gleich zu sich.

»Hast du schon eine WG für mich?«, fragte Capaul.

Peter schüttelte den Kopf. »Weißt du, was ich mich seit gestern Abend frage? Wieso der Öv in painch? Wenn Rainer nur in Ruhe hätte trinken wollen, hätte er sich doch genauso gut auf dem WC einschließen oder nach Hause fahren lassen können. Ich jedenfalls hätte das getan.«

»Vielleicht wollte er ja nicht trinken, sondern spazieren.«

»Im Öv in painch spazieren? Das wäre noch dümmer, du hast ja gesehen, wie steil und zerklüftet es dort ist. Außer du spazierst der Straße nach. Jedenfalls gibt es dort oben viel schönere Wege.«

Capaul erinnerte sich an seine kleine Wanderung und gab ihm recht. »Irgendetwas muss es dort aber geben«, sinnierte er, »etwas, das den beschwerlichen Weg lohnt. Etwas, von dem wir nichts wissen.«

»Den Schatz der Wildmannli«, witzelte Frank, denn natürlich hatte die Jassrunde mitgehört. »Können wir jetzt weitermachen?«

Capaul sah ihnen kurz beim Spiel zu, dann bat er Bernhild, ihr Telefon benützen zu dürfen, und rief Mosse an.

»Ich hoffe, ihr habt alles ordentlich hinterlassen«, sagte der statt einer Begrüßung und gähnte, vielleicht hatte er ihn geweckt. »Sind die Fensterläden zu?«

»Ja, und das Geld fürs Bier, das wir getrunken haben, liegt in einer Schublade. Ich rufe noch mal wegen Rainer Pinggera an.«

Mosse murrte. »Ich mag das nicht. Lasst dem alten Mann doch seine Macken. Soll er heimlich sein Erspartes mit Bonzenwein versaufen, das geht doch niemanden etwas an.«

»Heißt das, du hältst ihn auch für einen Alkoholiker?«, fragte Capaul. »Er ist letzte Nacht gestorben, und der Arzt ist der Ansicht, er hat sich zu Tode gesoffen.«

»Gestorben? Ach, du große Kacke«, sagte Mosse wenig pietätsvoll. »Ich sehe nicht in die Leute hinein, ich weiß nicht, wer wie viel trinkt. Es interessiert mich auch nicht. Aber die Vorstellung, dass einer wie Rainer sich mit einem solchen Schickimicki-Gesöff aus der Welt spediert haben soll, ist gelinde gesagt bizarr.«

»Dazu noch im Öv in painch«, sagte Capaul. »Ich wüsste zu gern, wie er dorthin gekommen ist und wieso. Du kennst dich doch dort oben aus, gibt es an der Stelle irgendetwas Besonderes? Was könnte einen alten, halb blinden Mann dazu bewegen, allein dort hinunterzusteigen?«

»Na ja, am unteren Rand des Öv in painch wachsen die besten Blaubeeren«, sagte Mosse. »Deshalb jedenfalls steigen wir dort runter: Ankes Blaubeerkuchen ist der Renner. Den musst du nächste Saison unbedingt probieren, mit einem dicken Schlag Alpsahne.«

Capaul fragte sich, ob er selbst an Pinggeras Stelle die Mühe auf sich nehmen würde, für eine Handvoll oder eine Jackentasche Blaubeeren zweihundert Meter tief in ein Geröllfeld einzusteigen. Ja, um sie Duonna Lina zu schenken, würde er das tun.

Inzwischen hatte Mosse allerdings gefragt: »Wieso bist du eigentlich so sicher, dass er allein war?«

Capaul stutzte. Er hatte es geschlossen, weil niemand gewusst hatte, wo man ihn suchen musste. Aber das war zugegebenermaßen dürftig argumentiert. »Ich bin mir nicht sicher«, gestand er.

»Hast du dich umgehört, ob ihn jemand hat verschwinden sehen? Oder sogar weggebracht hat?«

»Nein.« Capaul schämte sich.

Mosse feixte. »Ich wette, in ein paar Stunden finde ich zwei Zeugen, die seinen Abgang beobachtet haben. Den Abgang von der Hütte natürlich, nicht den finalen.«

»Danke.«

»Ich sagte, wetten. Wenn ich es schaffe, schuldest du mir etwas.«

»Was denn? Ich habe nichts«, sagte Capaul, während ihm mit Schrecken der Gedanke durch den Kopf schoss, Mosse könnte es auf seinen Chrysler abgesehen haben.

Aber Mosse sagte: »Du bist doch Polizist, da fällt uns schon noch etwas ein.«

»Ich weiß nicht, ich …«

Mosse lachte. »Keine Sorge, ich will dir keine Scherereien machen. Vielleicht lässt du mal eine Parkbuße untern Tisch fallen oder so.«

»Mit dem Parken habe ich es selbst nicht so«, gestand Capaul. »Einen Alkohol-Selbsttest kann ich anbieten.« Den hatte ein Scherzbold in seiner Amriswiler Polizeiaspiranten-WG allen Mitbewohnern zur bestandenen Prüfung geschenkt.

Mosse ging darauf nicht ein. »Ich starte jetzt erst mal einen Whats-App-Chat, du hörst von mir«, sagte er und kappte die Verbindung.

Bernhild stand am Tresen, räumte alle Gläser aus dem Regal und fuhr die Ränder mit dem Finger auf Scharten ab. Offenbar hatte einer der Männer deshalb ein Bier zurückgehen lassen, denn eine fast volle Stange stand im Ausguss.

»Weißt du vielleicht, wo Annamaria wohnt, Rudis Freundin?«, fragte Capaul.

»In Celerina, glaube ich.« Sie sah für ihn im Telefonbuch nach, doch eine Annamaria Oswald fand sie weder da noch in St. Moritz.

»Macht nichts, dann gehe ich in Zuoz etwas spazieren«, sagte er und holte die Flasche aus seinem Zimmer. Er konnte sich gut vorstellen, dass sie den Sonntag nach diesem Unglück damit verbrachte, bei Rainer Pinggera aufzuräumen oder sonst wie nach dem Rechten zu sehen, und wenn jemand den Schlüssel zu all den Ungereimtheiten besaß, dann am ehesten sie.

Bernhild lieh ihm neben einer Rascheltüte von Coop für die Flasche auch nochmals die Fußgängerspikes, damit wollte er erst zu einer Tankstelle, um auch für den Chrysler Spikes zu kaufen. Doch als er beim Bahnhof war, wurde gerade der Zug in Richtung Zernez angekündigt, und er beschloss, es gemütlich zu nehmen und einzusteigen. Er war guter Laune, schlenkerte, während er durch den Waggon ging, mit der Tüte und schlug damit prompt gegen eine Sitzkante. Zum Glück ging nichts kaputt.

VIII

Auch diese Zugfahrt genoss Capaul sehr. Hatte er am Abend davor angesichts des dichten Schneetreibens weihnachtliche Gefühle gehabt, brach nun sozusagen der Frühling aus. Als der Zug in Samedan abfuhr, waren die Wiesen zwar noch weiß. Doch die Bäume hatten ihre Schneelast abgeschüttelt, und kaum stieg die Sonne über den Berggrat, verwandelte die Landschaft sich komplett – das winterlich blaue Licht wurde golden, der Schnee in der Ebene schmolz innert Minuten zu vernachlässigbaren Resten zusammen, und die Vögel, die zuvor aufgeplustert in den Baumwipfeln gehockt hatten, jagten übermütig durch den Himmel. Capaul tippte auf Schwalben, er kannte sich allerdings nicht aus.

Als er in Zuoz ausstieg, war die Luft noch winterlich gläsern, doch die Sonne erhitzte die Haut, als wäre hoher Sommer, und wie die Vögel fühlte auch Capaul den Übermut wieder, der ihn nur gerade zwei Tage zuvor, auf der Fahrt durch die Nadelwälder am Albulapass, dazu verlockt hatte, bei offenem Fenster *O Tannenbaum* zu schmettern. Ewigkeiten schien das her.

Das steile Wegchen hinauf ins Dorf nahm er im Laufschritt, und als er vor dem Haus Rainer Pinggeras ankam – Rudi Pinggeras Auto stand nicht in der Gasse – und er durch die Fenster nach Annamaria Ausschau hielt, lockte es ihn zu rufen: Rapunzel, Rapunzel, lass dein Haar herunter! Das ließ er natürlich bleiben. Er klopfte nur zweimal, das erste Mal dezent, das zweite Mal energisch, schließlich drückte er die Klinke, die Tür war jedoch verriegelt.

Aufgeschoben ist nicht aufgehoben, sagte er sich, und noch immer bester Laune spazierte er die Gasse entlang zurück auf den Hauptplatz, um irgendwo Kaffee zu trinken und es später zu versuchen. Dabei machte er es sich zum Spiel, die Füße nur immer auf dem Mittelstreifen des Straßenpflasters zu platzieren, was ihn manchmal zwang, regelrecht zu tänzeln, um das Gleichgewicht nicht zu verlieren.

Vor dem Hotel Crusch Alva, einem mächtigen Engadinerhaus mit lateinischer Inschrift, die über die ganze Fassade lief, und einem Sammelsurium von Kantons- und anderen Wappen, die sich ihm nicht alle erschlossen – unter anderem war ein Waldschrat oder vielleicht wieder Wassermann abgebildet –, standen Stühle und kleine Tische. Sie waren lauschig mit Lammfell bedeckt, doch Capauls Bewegungsdrang war zu stark, als dass er sich an ein Cafétischlein hätte zwängen wollen. Stattdessen beschloss er, nochmals einen Blick in Luzias Lädelchen zu werfen – oder eigentlich hoffte er, hinter einem der oberen Fenster Duonna Linas silbernes Haar zu entdecken. Rapunzel, Rapunzel.

So eifrig spähte er, dass er dabei Luzia übersah, die im Schaufenster ihres Lädelchens kniete. Er bemerkte sie erst, als sie gegen die Scheibe klopfte und ihn hereinwinkte.

»Was gibt es da oben zu starren?«, fragte sie amüsiert, als er zur Tür hereinsah. »Komm schon rein, es zieht.«

Tatsächlich wehten bereits einige Blätter aus Goldfolie vom Ladentisch zu Boden, die sie offenbar als Dekoration brauchte. Er schloss die Tür und bückte sich nach den Blättern. »Ich dachte erst, ich hätte ...«, stammelte er. »Ich habe die Malerei angesehen.« Jeder Fenstersturz war mit einem unscheinbaren Blümchen oder einer geometrischen Form versehen.

»Die Sgraffiti? Gefallen sie dir?«

»Mir gefällt vor allem die Idee, Häuser zu bemalen, so etwas hätte ich mir auch vorstellen können. Statt Polizist zu werden, meine ich. Dinge verschönern, das würde mir gefallen.«

»Dann los, mach dich nützlich«, forderte sie ihn auf. »Ich bin gerade an der Herbst-Deko. Immer beim ersten Schnee dekoriere ich um. Reich mir die Kugeln, eine nach der anderen.«

Auf dem Ladentisch stand eine Schachtel mit etwa kindskopfgroßen Kugeln, die ihn an eine Kartoffelbürste aus der WG erinnerten. Er reichte Luzia die Kugeln in die Auslage – ein altmodisches Schaufenster mit Holzrahmen und einer inneren Fensterfront, die bis auf Brusthöhe aus Rippenglas bestand.

Sein Übermut erwachte wieder. »Die Kugeln würden meiner Wirtin gefallen«, stellte er fest, »sie passen zu ihrer Frisur.«

Luzia lachte, dann erklärte sie: »Es sind verfilzte Lärchennadeln, aber sie haben etwas Magisches. Der Sage nach haben Wildmannli sie gebastelt, um den Silsern bei einer Hungersnot darin Essen über den See zu schicken. Der Malojawind treibt sie wie Bötchen übers Wasser. Sie heißen deshalb auch Silserkugeln, wobei ich die hier in Chamuesch gefunden habe. Kennst du den Silsersee?«

Er schüttelte den Kopf. »In welchem Sinn magisch? Was kann man damit anstellen außer Gemüse bürsten?« Ein zweites Mal brachte er sie mit seiner Bemerkung nicht zum Lachen.

»Alles, was mit den Wildmannli in Verbindung steht, ist von einer höheren Kraft beseelt«, erklärte sie ernsthaft. »Wobei die Wildmannli eigentlich nur für unsere Natur stehen. In den Kugeln steckt nichts anderes als in den

Engadiner Bäumen, in der Erde, in unserem Wasser. Die Kugeln machen uns wieder einmal bewusst, wovon wir umgeben sind.«

»Interessant, Duonna Lina hat gestern etwas ganz Ähnliches gesagt.«

Ihr Blick wurde wach. »Ach, ihr kennt euch? Ja, die Arme.«

»Aus dem Spital, sie hat mir Cucus Suppe geschenkt«, erzählte er. »Hätte ich gewusst, dass du sonntags aufhast, hätte ich ihr Suppengefäß gebracht.«

»Ich habe nicht auf.«

»Nun, für mich ja schon.«

»Nein, denn ich werde dir nichts verkaufen.«

»Auch nicht eine dieser Kugeln?« Es hätte ihm gefallen, Bernhild eine mitzubringen.

»Die sowieso nicht, die muss man selber finden. Oder man findet sie eben nicht. Wir könnten zusammen an den Silsersee fahren, aber für die Kugeln ist es noch zu früh im Jahr, die Lärchen lassen ihre Nadeln noch nicht fallen. Außerdem will ich nach San Batrumieu, dort geht es heute bestimmt rund. Was hast du heute vor? Oder besser, was treibt dich nach Zuoz?«

»Nichts, das schöne Wetter«, sagte er nur. »Was ist San Batrumieu?«

Sie lächelte und sah ihn prüfend an. »Schindest du da gerade eine Einladung?«

Darüber musste Capaul kurz nachdenken. »Das würde mir nicht ähnlichsehen«, bemerkte er, »aber ja. Ich glaube, du kannst mir ein paar Fragen beantworten, die mich nicht loslassen.«

»Ach, wieder der Polizist.« Sie wirkte leicht enttäuscht. »Dann schieß los, dafür müssen wir nicht nach San Batrumieu. Dort sollte man auch schweigen.«

Das enttäuschte nun wieder Capaul, aber seine Fragen stellte er dennoch gern. »Diese Wildmannli hat heute schon jemand erwähnt. Sie sollen einen Schatz haben oder horten oder hüten, worum geht es da? Im Wassermann in Samedan, wo ich wohne, hat einer Cucu verdächtigt, im Öv in painch nach diesem Schatz gesucht zu haben.«

Sie sah ihn verwundert an. »Außer Lina hat ihn fast nie jemand Cucu genannt.«

»Das ist mir so rausgerutscht«, gestand er, »ich glaube, es hat mit diesen Kugeln zu tun.« Wirklich fühlte er sich – vielleicht durch die Kugeln, vielleicht durch ihr Gespräch – gerade mit dem Engadin so herzlich verbunden, dass er zum alten Pinggera fast familiäre Gefühle hatte.

Luzia hatte ihn streng angesehen, nun musste sie gegen ihren Willen lachen. »Du bist ein schräger Kauz. Aber ja, Rainer Pinggera war auch eine Art Wildmannli, und da passt Cucu auf alle Fälle besser als Rainer. Urhans, Uzi und Stutzforche sind so typische Wildmannli-Namen.«

»Der Schatz«, hakte er nach.

»Richtig. Es ist so: Wildmannli sind in jeder Hinsicht reich. Sie horten unterirdische Berge von Gold und Diamanten, mit denen sie aber nicht viel anzufangen wissen. Sie können zaubern und arbeiten für drei, ohne einen rechten Begriff vom Wert ihrer Arbeit zu haben. Oder ihrer Zauberkräfte oder Schätze. Sie sind wie Kinder, große Kinder. Vielleicht sind es deshalb auch meist Kinder, die die Schätze finden. Sucht man gezielt, findet man gar nichts. Die, die sie finden wiederum, haben sie nicht nötig. Das ist überhaupt das Prinzip unserer Gegend, ihre Magie: Wer nichts braucht, lebt hier im Überfluss, wer mehr will, fühlt sich schnell ganz furchtbar arm und bedürftig.«

Luzia schwieg. Lächelnd – irgendwie in sich ruhend – sah sie ihn an, Capaul lächelte schweigend zurück.

Dann fiel ihm ein, weshalb er hier war, und er packte die Weinflasche aus. »Offenbar hat Cucu … hat Rainer Pinggera diese Flasche hier ausgetrunken, als er sich im Öv in painch seinen Sonnenstich eingefangen hat. Oder was immer. Sagt sie dir etwas?«

»Darf ich sie anfassen?« Luzia drehte sie in den Händen. »Was sind das für Kratzer?«, fragte sie.

Er beugte sich vor, wirklich hatte das Etikett inzwischen feine Kratzer. Er wurde rot. »Ich glaube, die sind von den Spikes, die meine Wirtin mir geborgt hat. In Zuoz war der Weg schon eisfrei, da habe ich sie zur Flasche in die Tüte getan.«

Sie lachte schallend. »Du bist mir ein Polizist! Nein, Massimo, die Flasche sagt mir nichts. Und statt dass wir uns noch länger den Kopf über einen Toten zerbrechen, der unsere Sorge nicht mehr nötig hat, sollten wir endlich hinaus und die Sonne genießen. Wer weiß, ob wir nicht morgen tot sind.« Gleich stand sie auf und zog Jacke und Schuhe an.

Capaul sah ihr zu. »Oder krank«, fügte er hinzu, »bettlägerig, das wäre schlimmer.«

»Schlimmer als der Tod?«, fragte sie amüsiert.

»Ich glaube, vieles ist schlimmer als der Tod.«

Neugierig wandte sie sich ihm nochmals zu. »Warum kannst du Cucu dann nicht in Frieden ruhen lassen?«

Ohne seine Antwort abzuwarten, ging sie aus der Tür. Capaul folgte ihr. Kurz glaubte er, Rudis Mercedes zwischen den Häusern vorbeifahren zu sehen, vermutlich saß auch Annamaria darin. Doch er war zu neugierig, was sich hinter San Batrumieu verbergen mochte. »Ich muss noch diesen Bericht schreiben«, beantwortete er endlich ihre Frage. »Und ich glaube nicht, dass Cucu meine Fragen stören.«

»Die Fragen nicht«, sagte sie und nahm ihn am Arm, um den Weg zu weisen, sie gingen hangabwärts, dem Bahnhof zu. »Aber die Antworten. Es gibt Dinge, die möchte man nicht wissen.«

»Welche?«

»Wo die Wildmannli ihre Schätze horten, etwa. So was zu wissen bringt nur Schchereien.«

San Batrumieu war wider Erwarten keine Kirche oder Kapelle, sondern ein Naturschutzgebiet entlang des Inn, gleich unterhalb des Dorfs. Es war kaum größer als ein Sportplatz und grenzte an die vielbefahrene Kantonsstraße. Trotzdem strahlte der Ort eine große Ruhe aus, vielleicht gerade weil er so bescheiden am Fuß der massigen, stoischen Berge lag. Capaul konnte sich beim besten Willen nicht denken, was Luzia damit gemeint hatte: Hier geht es heute bestimmt rund. Er verwendete aber auch die meiste Aufmerksamkeit darauf, nicht in den Morast zu treten. Luzia, die Gummistiefel trug, kam dagegen aus dem Schwärmen nicht heraus. »Da«, rief sie immer wieder und zeigte irgendwohin, »nicht da, Massimo, da! Schon weg.« Manchmal sah er noch einen Ast wackeln, auf dem in der Sekunde zuvor offenbar ein seltener Vogel gesessen hatte, einmal erhaschte er ein Stück Fell.

»Sag nur, das war ein Fischotter«, rief sie mit glänzenden Augen. »In Samedan haben wir nämlich wieder einen. Und denk dir, auch die Biber sind zurück, hinter Bever haben sie dieses Jahr ein Wehr angelegt. In San Batrumieu sieht man vor allem Vögel.« Zumindest sie. Capaul sah nicht viel, immerhin die Namen entzückten auch ihn, sie klangen wie aus längst vergangenen Zeiten hergeweht: Zilpzalp, Wendehals, Goldammer, Neuntöter, Girlitz. Und nachdem er sich an die nassen Füße gewöhnt hatte, gelang es ihm auch, eine Mönchsgrasmücke und einen Hausrotschwanz bei der Futtersuche zu beobachten.

»Der Schnee hat sie ganz nervös gemacht«, sagte Luzia, die alles andere als schweigsam war. »Sie ziehen eigentlich erst Ende September nach Süden, aber offenbar fürchten sie, falsch auf die Uhr geguckt zu haben. Sieh nur, wie hektisch sie fressen!« Noch immer lachte sie fast unablässig. Selbst als sie eine tote Rabenkrähe fanden, an der sich die Ameisen abarbeiteten, entfuhr ihr ein Kichern. »Sie heißt auch Aaskrähe«, erklärte sie, »weil sie eben Aas frisst. Nicht nur, aber auch. Tja, nun hat es sie erwischt.« Sie klatschte in die Hände, als wollte sie damit das Schicksal des Vogels feiern, im nächsten Augenblick rief sie aus: »Ach, arme Lina, ihren Kuckuck doch auch!«

Capaul hatte dasselbe gedacht und wollte von seinem Traum erzählen, aber Luzia hatte inzwischen Grasfrösche entdeckt, die auf einem Stein im Fluss Sonne tankten, und beim Versuch, sie sich näher anzusehen, schwappte auch ihr Wasser in den Stiefel.

»Selber schuld, natürlich ist der Wasserpegel heute höher«, bemerkte sie selbstkritisch und stapfte an Land zurück. Sie nahm ihn bei der Hand, wie man ein Kind an der Hand nimmt, und führte ihn an einem Bächlein entlang, das sie Ova da Quatterlains nannte, Bach der vier Hölzer, wieder dem Dorf zu.

»Von welchen vier Hölzern ist die Rede?«, fragte er.

»Na ja, was da oben halt so wächst, denke ich, Lärche, Föhre, Fichte, Arve.«

»Was ist mit der Blaubeere?«

Sie sah ihn vergnügt an. »Blaubeeren wachsen an Büschen, du Pizochel, wir reden hier von Bäumen. Apropos Pizochel, ich habe Hunger.«

Ohne zu fragen, nahm sie ihn mit in ihre Wohnung, die im selben Haus wie der Laden war, doch zuoberst unter dem Dach. Sie war nicht etwa klein und verwinkelt, wie er nach dem Gang durch Pinggeras Haus erwartet hatte, sondern bestand aus zwei großen, modernen Räumen mit weißen Wänden, hellen Böden und viel Licht, das teils durch Klappfenster, teils durch Glasziegel drang.

»Potztausend«, sagte Capaul. »Dein Laden scheint was abzuwerfen.«

»Die Gnade der reichen Geburt«, sagte sie leichthin, »mein Vater hat Lina die Hütte abgekauft. Zieh die Socken aus.« Sie feuerte den Schwedenofen an, hängte die nassen Socken darüber, lehnte Capauls Schuhe daran, dann stellte sie sich an die Kücheninsel.

Capaul war verwirrt, er konnte nicht sagen, wie er sich fühlte, ihm war zugleich unwohl und äußerst behaglich. Zusätzlich überfiel ihn wie angeworfen bleierne Müdigkeit. Trotzdem fragte er höflich: »Brauchst du Hilfe?«

»Nein. Wenn du magst, stell Musik an. Oder lies was.«

»Darf ich mich auch einfach kurz hinlegen?«

Sie lachte und nahm ihr Strickzeug vom weißen Ledersofa. »Bitte sehr.«

Er zögerte.

»Ich will es nicht schmutzig machen.« Seine Hosen waren bis zu den Knien verspritzt.

Sie holte ein Leintuch und warf es über die Couch. »Besser?«

Sie wartete, bis er sich hingelegt hatte, schob ihm ein Kissen unter, und schon schlief er ein.

Er musste eine ganze Weile weggetreten sein, denn als er erwachte, schien keine Sonne in die Wohnung. Es duftete nach Essen, Luzia saß im Schneidersitz am Boden und strickte.

»Machst du dir bei diesem Licht nicht die Augen kaputt?«, fragte er.

Sie lachte wieder nur und stand auf, um die Vorhänge aufzuziehen, offenbar hatte sie für ihn die Wohnung verdunkelt. »Dann können wir ja essen. Hast du etwas dagegen, wenn ich Lina einlade?«

Während sie das sagte, dämmerte ihm, dass er von beiden geträumt hatte, genauer von einer der beiden, welcher, hatte der Traum nicht verraten. Capaul war an Luzias Laden vorbeigegangen, als er drinnen jemanden hatte tanzen oder sich sonst wie bewegen sehen, jedenfalls sehr geschmeidig, gleitend, und obwohl er die Gestalt nur hinter Rippenglas sah, war ihm klar, dass sie nackt sein musste. Er hatte versucht, den Laden zu betreten, doch der Weg zur Tür war mit Bauschranken vernagelt, und als er sich dazwischen hindurchdrängen wollte, hupte hinter ihm Rudi und rief aus dem offenen Wagenfenster: »Alter Schwerenöter«, und drohte mit dem Finger. Nein, nicht »Schwerenöter«, er hatte »Neuntöter« gesagt, aber die Bedeutung war die von »Schwerenöter« gewesen.

»Duonna Lina? Nein, gar nicht«, antwortete er endlich. »Darf ich mich kurz frischmachen?«

Während Luzia einen Stock tiefer ging, wusch sich Capaul das Gesicht, danach zog er die Socken wieder an, die nun trocken waren.

Als Luzia zurückkam, sang sie mehr, als dass sie sprach: »Sie ist nicht da.« Summend deckte sie den Tisch, zündete drei Kerzen an und trug auf, nicht Pizochels, aber eine andere Engadiner Spezialität, Plain in Pigna, gebackene Rösti mit Salsiz. Dazu gab es Apfelmus und zu trinken einfaches Wasser.

»Auf Cucu«, sagte sie und hob das Glas.

Er stieß mit ihr an, vergaß dann aber zu trinken. »Alles

wirkt so ungereimt«, erklärte er. »Wenn Leute sterben, ist in der Regel alles wie aus einem Guss, das Leben, die Todesart, das Verhalten der Hinterbliebenen. Die Ereignisse entwickeln sich irgendwie zwangsläufig. Man hat das Gefühl, irgendjemand, irgendeine Macht weiß genau, was sie da tut. Es herrscht Ordnung.«

Luzia hörte interessiert zu, seine Worte schienen für sie allerdings noch nicht viel Sinn zu ergeben.

Capaul setzte von Neuem an.

»Sieh mal, wenn Bernhild, meine Vermieterin, kocht, wärmt sie was auf. Dazu pfuscht sie ein bisschen mit – veredeln nennt sie das –, und der Verfall der Lebensmittel spielt ebenfalls eine gewisse Rolle. Bei deinem Essen dagegen folgt alles ganz deinem Wesen. Ein guter Tod ist wie dein Essen, Cucus Tod dagegen ist wie von Bernhild angerichtet.«

Sie zog die Augenbrauen hoch, dann stand sie auf und fragte: »Dessert?« Nachdem sie mit wenigen Handgriffen einen Affogato gezaubert hatte – Espresso mit Vanilleeis –, fragte sie: »Hast du viele Leute sterben sehen?«

»Ja. Vor allem alte.«

»Was verbindet sie?«

Er dachte nach. »Die Angst. Angst vor dem Sterben haben alle, aber kurz vor dem Tod verschwindet sie, die Sterbenden versöhnen sich mit ihrem Schicksal und gehen friedlich. Cucu wollte nicht gehen. Als wäre seine Zeit noch nicht reif. Er wollte übrigens auch nicht, dass ich den Raum verlasse, jedenfalls sah er mich so an, als hätte er Angst vor dem, was geschehen würde, wenn ich fort wäre.«

»War nicht Annamaria noch bei ihm?«

»Doch. Aber von ihr versprach er sich wohl keinen Schutz.«

»Was? Glaubst du, dass sie ihn bedroht hat?«

»Nein, so wirkte es auch nicht. Mehr so, wie wenn sie belanglos wäre.«

»Wo war Rudi?«

Capaul zögerte, er wollte niemanden falsch beschuldigen. »Ich will nicht behaupten, Cucus Angst hätte einem anderen Menschen gegolten. Vielleicht hat er sich vor etwas gefürchtet, das er selbst angezettelt hatte.«

»Redest du von Sterbehilfe?«

Nein, Capauls Instinkt führte ihn in eine andere Richtung. Das Wort »Sport« schoss ihm durch den Kopf, aber das ergab noch weniger Sinn.

»Ich kann es nicht greifen«, sagte er schließlich nur. »Rudi war übrigens unterwegs zum Arzt oder in die Apotheke, er war dabei, Hilfe für Cucu zu organisieren. Das macht ihn nicht gerade verdächtig. Aber hat Lina nie etwas gesagt? Dass Cucu sterben will? Dass er genug hat, dass er krank ist? Ich meine, gesetzt den Fall, dass er seinen Tod beschleunigen wollte, muss es dafür doch einen Grund gegeben haben, einen Auslöser.«

Luzia schüttelte den Kopf. »Ich kann sie aber gern danach fragen. Ich begreife nur noch nicht: Warum braucht es diesen Auslöser?«

Capaul wand sich. ›Brauchen‹ ist wohl ein zu starkes Wort. Ich finde nur, wenn es denn eine bloße Verkettung unglücklicher Umstände gewesen sein sollte …« Er brach ab und dachte nach. »Oder war es wirklich nur das, eine Verkettung unglücklicher Umstände? Na ja, warum nicht?«

Sehr überzeugt klang er wohl nicht, denn Luzia hakte nach: »Was spricht dagegen?«

»Vielleicht will ich nur nicht glauben, dass das Schicksal sich so gegen einen Menschen wenden kann«, gab er zu. »Alles, aber wirklich alles lief gegen Cucu. Der Brand, der

Ausflug an den heißesten Ort am Piz Padella bei stechender Sonne, die Tatsache, dass er nichts zu trinken hatte außer einer Flasche Wein, die Tatsache, dass das Spital keinen Platz für ihn hatte. Ich meine, der Mann muss dehydriert gewesen sein, ausgelaugt, Suppe hätte er gebraucht, Duonna Linas Hühnersuppe. Annamaria hatte ihm, bevor ich kam, nicht einmal Wasser gegeben.« Capaul hatte sich in Rage geredet. Er fühlte sich nun selbst ausgelaugt, stürzte sein Glas Wasser hinunter und goss ein zweites ein. »Und dazu noch dieser exquisite Rioja, der im Öv in painch so rein gar nichts verloren hat.«

Luzia hatte ihm halb mitfühlend, halb amüsiert zugehört. »Da sage ich nur: Tja. Woran, meint der Arzt, ist Cucu noch mal gestorben?«

»An Leberversagen.«

»Und falls er recht hat? Spielt dies alles dann überhaupt eine Rolle? Der Brand, der Ausflug in den Öv in painch, das Austrocknen?«

Er stutzte. »Nein, wohl nicht.«

»Dann wären das voneinander unabhängige Ereignisse.«

Er wollte ausweichen. »Mag sein. Ich bin kein Arzt, ich weiß nicht, was ein Leberversagen auslöst.«

»Der Arzt war Dr. Hauser, richtig?«

Capaul nickte.

»Hauser gilt als guter Arzt. Wenn der sagt, es war die Leber, würde ich davon ausgehen, dass es stimmt.«

»Und alles andere vergessen?«

Luzia zuckte mit den Schultern. »Sieh es so: Vielleicht passt zu Cucu ja auch genau dieser Tod – viel Lärm um nichts, viel Chaos. Cucu war wie ein bockiges Kind. So sind hier viele, lieber sich tausendmal verrennen als jemanden um Hilfe bitten. Oder um Verzeihung. Oder als jemandem zu sagen, dass man ihn liebt. ›Gian dür‹ heißt das bei uns.

Starrkopf. Cucu war ein Gian dür, und Lina scheint es auch nicht erstaunt zu haben, wie er starb.«

Capaul seufzte. »Kann die Welt so einfach sein? Warum gelingt es mir nicht, sie so zu sehen? Warum sehe ich überall nur Probleme?«

»Vielleicht fehlt dir ein Gen«, sagte Luzia neckend.

»Ja, das wird es sein«, sagte er ernsthaft. »Meine Mutter war schon nicht ganz richtig im Kopf, vermutlich habe ich es geerbt.«

»Was war mit ihr?«, fragte Luzia.

»Das wusste niemand so genau. Mal hieß es, die Schilddrüse, mal der Darm, manische Depression oder Borderline. Dazu hatte sie einfach einen sehr zerbrechlichen Körper. Es gab Zeiten, in denen war sie fast fröhlich. Aber im großen Ganzen war das Leben für sie unerträglich.«

»Cac«, sagte Luzia. »Zu Deutsch: Kacke.«

Er nickte und wiederholte: »Cac.«

»Ruft nach Alkohol. Kennst du Iva? Selbstgebraut, aus Schafgarbe. Wir nennen es auch Wildfräuleinkraut.«

Capaul lächelte. »Ja, das hätte ihr gefallen.«

IX

Nachdem sie auch auf Cucu noch ein Gläschen getrunken hatten, verabschiedete er sich.

»Es fährt jetzt aber gar kein Zug«, sagte Luzia zwar, als wollte sie ihn einladen, noch zu bleiben. Doch Capaul hielt es für gut möglich, dass sie nur höflich war. Zudem wollte er nochmals ins Oberdorf, um nach Annamaria auszuschauen.

Rainer Pinggeras Haus war weiterhin verlassen, keine Spur von Rudi oder seiner Freundin. Capaul war in sonderbarer Stimmung, halb schwermütig, halb fröhlich. Er wünschte, Luzias Art, die Welt zu sehen, wäre ansteckend, andererseits sagte er sich, wenn Cucus Tod ein ganz normaler gewesen war, hatte er keinen Grund mehr, die netten und interessanten Menschen aufzusuchen, denen er in den drei Tagen begegnet war, Luzia, Duonna Lina, Rudi und Annamaria.

»Rapunzel, Rapunzel, lass dein Haar herunter«, rief er nun tatsächlich zum Erkerfenster hinauf, nur so zum Spaß, daraufhin kam immerhin die fuchsrote Katze durch die Gasse gerannt und strich an seinen Beinen entlang, dann verschwand sie im Stall. Kurz linste sie nochmals hervor, als wollte sie ihn einladen, ihr zu folgen.

»Soll das ein Stelldichein geben?«, fragte er lachend. »Ich habe jetzt keine Zeit.« Dann wandte er sich ab und ging zum Bahnhof.

Während er auf einem Bänkchen hinter dem Stationshäuschen den Zug erwartete, beobachtete Capaul einige

Vögel, die um ihr Abendessen zu balgen schienen. Ihn ärgerte, dass er schon keine Ahnung mehr hatte, um welche Art es sich handelte, oder auch nur, wie die Arten geheißen hatten, und er begann erneut, seinen Bericht zu formulieren. Damit beschäftigte er sich die ganze Fahrt über.

Rainer Pinggeras Stallbrand konnte rasch gelöscht werden, hieß es schließlich, *der Geschädigte verzichtete denn auch darauf, den Vorfall zu Protokoll zu geben. Tags darauf verstarb er nach einem Ausflug auf den Piz Padella. Der Arzt, Dr. Hauser, hat Leberversagen diagnostiziert, hervorgerufen durch Alkoholmissbrauch.*

Capaul war mit seiner Arbeit zufrieden, nur um das letzte Wort rang er noch: Alkoholmissbrauch, übersteigerter Alkoholkonsum, Alkoholsucht – alles klang falsch und anmaßend. Ein gewohnheitsmäßiges Gläschen über den Durst hätte ihm noch am besten gefallen, allerdings machte er dazu eine Aussage zu Cucus Lebensweise, die rein spekulativ war.

»Na, du hast ja ganz schön Farbe bekommen«, sagte Bernhild, als er in den Wassermann kam.

»Sag, kennst du ein nettes Wort für alte Leute, die heimlich bechern?«, fragte er.

»Schnapsleiche«, sagte sie augenzwinkernd. »Ein anderes fällt mir nicht ein, ich bin aber nicht sehr sprachbegabt. Frag Mosse, er wartet auf deinen Rückruf. Ich schließe übrigens um sieben, willst du danach mit mir essen?«

»Ich bin noch ganz satt, ich war eingeladen«, erklärte Capaul. »Wenn du willst, setze ich mich aber dazu.«

Daraus wurde nichts, denn Mosse hatte Neuigkeiten: »Hör zu, mindestens zwei Leute haben gesehen, wie Rudi seinen Onkel zum Auto gebracht und heimkutschiert hat.«

»Potztausend«, sagte Capaul. »Woher wissen sie, dass Rudi ihn heimgebracht hat, haben sie das gehört?«

»Nein, das hatte ich geschlossen«, gab Mosse zu. »Sie sagten nur, sie seien weggefahren. Schrieben, nicht sagten – herrje, da sieht man mal, wie ungenau ich bin! Ich hatte per Whats-App in die Runde gefragt: ›Hast du gesehen, wie Rainer Pinggera gestern unsere Hütte verlassen hat? Der Arme ist inzwischen tot, und wir wüssten gern, wie das kam. Keine Sorge, ein Verbrechen wird ausgeschlossen. Wenn du etwas weißt, bitte pm.‹«

»Was heißt ›pm‹?«

»Private message.«

»Aha. Und haben deine Freunde auch gehört, was Rudi und sein Onkel geredet haben?«

»Keine Ahnung, sie haben ganz kurz geschrieben. Offenbar nicht, es war ja auch viel Lärm. Und beide haben übrigens darum gebeten, dass ich ihre Namen nicht weitergebe.«

»Warum?«

»Na ja, Rudi ist Rudi, mit dem verscherzt es sich niemand gern.«

»Dass es er war, ist also sicher? Dass sie in sein Auto eingestiegen sind, auch?«

»Beide haben fast wörtlich dasselbe geschrieben, ich gehe also davon aus. Ach ja, angeblich war es noch früh, jedenfalls vor dem Mittag.«

»Gefunden hat Annamaria den Alten gegen fünf«, dachte Capaul laut. »Reicht die Zeit, um sich einen Sonnenstich einzufangen?«

»Dicke«, versicherte Mosse. »Sonnenstich, Migräne, Kreislaufkollaps – bei so happigen Wetterwechseln wie gestern liegt alles drin.«

Capaul fielen seine Kopfschmerzen ein, und prompt

waren sie wieder da. »Stimmt es, dass es in den nächsten Tagen nochmals schneien soll?«

»Wer weiß das schon, seit ein paar Jahren spielt das Wetter verrückt. Aber Anke ruft mich, musst du noch was wissen?«

»Nein, außer wohin ich den Alkohol-Selbsttest schicken soll.«

»Den schieb dir mal in den Hintern«, sagte Mosse feixend. »Ich gebe Bescheid, wenn du dich revanchieren kannst.«

Das gefiel Capaul nicht, aber Mosse hatte schon aufgehängt, und nochmals anrufen mochte er nicht.

Während er seine Taschen nach Rudis Visitenkarte durchsuchte, um ihn um ein Treffen zu bitten, fiel ihm zu seinem Schrecken auf, dass er die Rascheltüte mit der Flasche vermisste. Er rekonstruierte seinen Nachmittag und stellte fest, dass er sie am ehesten in Zuoz am Bahnhof hatte liegenlassen, denn auf dem Weg dorthin hatte er sich noch gefragt, ob er wohl an einer schattigen Stelle die Spikes bräuchte, dabei hätte er den Verlust bestimmt bemerkt. Nachdem er kurz hochgegangen war, um den Alkohol-Selbsttest zu benutzen – er war nicht sicher, ob er nach dem Iva noch fahren durfte – und die Zähne zu putzen, machte er sich wieder auf den Weg.

Inzwischen waren die Straßen überall eisfrei und meistenteils auch trocken. Die Berge wirkten im Dämmerlicht nicht mehr massig, sondern durchscheinend, wie Traumbilder. Wäre nicht die Nervosität gewesen, der Flasche wegen, hätte er die Fahrt genossen.

Die Tüte lag dann noch genauso auf dem Bänkchen am Bahnhof, wie er es verlassen hatte. Nachdem er die Flasche auf den Beifahrersitz gelegt hatte, suchte er im Stationshäuschen eine Telefonzelle und rief Rudi an.

»Sie sind ja einer von der schnellen Post«, sagte der. »Es herrscht aber Lawinengefahr, für Skiausflüge ist das kein Wetter.«

»Daran dachte ich gar nicht«, versicherte Capaul. »Ich möchte nur noch ein paar Fragen loswerden, damit ich mit gutem Gewissen den internen Bericht zum Tod Ihres Onkels abgeben kann.«

»Ach, geht es jetzt schon um seinen Tod? Ich dachte, Sie wurden ausgeschickt, um den Stallbrand zu rapportieren. Wenn man es überhaupt einen Brand nennen kann.«

»Ja, das stimmt, Entschuldigung.«

»Die Fragen betreffen also den Brand?«

Capaul wand sich. »Na ja, es hängt eben alles zusammen. Sie brauchen aber nichts zu beantworten.«

»Danke, das weiß ich selbst. Also meinetwegen, schießen Sie los.«

»Könnte ich nicht kurz vorbeikommen? Ich telefoniere von einer Kabine aus, und mein Kleingeld reicht nicht weit.« Das hatte er nur so dahingesagt.

»Na schön, ich hatte vor, nachher auf einen Drink nach unten zu gehen, so lange habe ich Zeit. In einer halben Stunde in der Zigarren-Lounge?«

»Wo ist das? Ich kenne mich noch nicht aus.«

»Aber das Badrutt's Palace ist Ihnen ein Begriff, oder?«

Capaul zögerte.

»Aber von St. Moritz haben Sie schon gehört?«, fragte Rudi spöttisch. »Dort fragen Sie am besten nach dem Weg, das Badrutt's Palace ist ziemlich bekannt.«

Inzwischen war es fast dunkel, und die Fahrt durch die weite Ebene auf St. Moritz zu, dieser Wand verschneiter Gipfel entgegen, die im Dunkeln leuchteten wie die Wächter zu einer anderen Welt, machte ihn schwermütig. Erinnerungen an seine Mutter mischten sich mit Bildern des Besuchs bei Luzia, und es hätte ihn nicht gewundert, wenn sich irgendwann der Horizont geöffnet hätte wie ein Tor und seine Mutter ihn erwartet hätte, mit den üblichen Worten: »Trottel, was hast du so lange getrödelt? Jetzt sieh dir die Schweinerei an. Du weißt doch, dass ich's nicht allein aufs Klo schaffe.« Wie es Katzen tun, hatte sie ihn dafür bestraft, wenn er sie ihrer Ansicht nach zu lange allein gelassen hatte. Gleichzeitig hatte sie andere Menschen immer weniger ertragen.

»Es war ein Fehler, auf sie zu trinken, das macht sie nur noch aufgeblasener«, sagte er laut, ganz als wäre sie noch am Leben. So heftig war in jenem Moment die Erinnerung, und er war froh, als er St. Moritz erreichte, ein kleines Meer von Hotels, Geschäftshäusern und Nutzbauten, das sich unkontrolliert wie ein Kuhfladen entlang dem See und über den Fuß des Piz Nair ausbreitete und in dem das ursprüngliche Bergdorf kaum noch auszumachen war. Alles war auf Hochglanz poliert, mit Luxusgeschäften und überteuerten Restaurants, daneben wirkten Samedan und Zuoz sehr bescheiden. Zuoz immerhin hatte seinen Zauber behalten.

Weil er nicht gern im Dunkeln innerorts fuhr, schon gar nicht unbekannte Strecken, parkte er gleich im großen Parkhaus am See und nahm die schier endlose Rolltreppe hinauf ins Dorf. Oben stellte er fest, dass er wieder die Rioja-Flasche hatte liegenlassen, immerhin nur im Auto. Aber es war schon halb neun vorbei, also ging er ohne sie zu Rudi.

Als er eben einen Passanten nach dem Weg fragen wollte, entdeckte er die pompöse Auffahrt zum Badrutt's Palace, einem Prunkhotel, wie er sie nur aus Filmen kannte. Es war ein regelrechtes Schloss, zumindest von außen, inklusive Rolls-Royce vor dem Eingang. Drinnen war der Platz überraschend beengt, aber immerhin dominierten Marmor, Plüsch und Messing. Capaul war gespannt, ob man ihn im Anorak und ohne Krawatte überhaupt hineinließ. Doch als er sagte: »Ich bin mit Rudi Pinggera verabredet, in der Zigarren-Lounge«, wies die Empfangsdame ihm überaus freundlich den Weg. Er führte an einem Ölporträt von Jürg Jenatsch vorbei, Capaul erinnerte sich an Rudis Spruch im Spital: »Welcher Jenatsch, der Schuhmacher von Ftan?«, und er trat lächelnd ein.

Das war wohl auch der Grund, warum der Barkeeper ihn mit einem Strahlen empfing und als Erstes wissen wollte: »Wie war Ihr Tag, Sir?«

»Gut«, versicherte Capaul und setzte sich, »nur das Wetter macht mich etwas rammdösig.«

»Wie wahr, wie wahr«, nickte der Barkeeper und reichte ihm die geöffnete Getränkekarte.

Capaul sah sich um. Rudi war noch nicht da, er war allein in der Lounge. Gern hätte er das Panorama betrachtet, doch es war schon zu dunkel, in den Scheiben spiegelten sich nur noch die Lampen. So nahm er sich Zeit, die Karte zu studieren, und entdeckte doch wahrhaftig unter den spanischen Weinen den Rioja Santa Angela Gran Reserva.

Er winkte dem Barkeeper.

»Von dem hätte ich gern ein Glas«, sagte er, bevor ihm einfiel, dass er ihn sich vielleicht gar nicht leisten konnte.

»Tut mir leid, das ist ein Flaschenwein. Hinzu kommt, dass ich die letzte Flasche gerade vor ein paar Tagen losgeworden bin.«

»Ach, was für ein Zufall«, sagte Capaul. »Wer war der Unverschämte?«

Der Barkeeper hob nur lächelnd die Hände: Kundengeheimnis, und griff nach einer zweiten Karte, denn eben da kam Rudi in die Lounge, salopp in Slippers und Hemdsärmeln – dafür einem sehr schicken Hemd. »Nicht nötig, ich nehme das Übliche«, sagte er zum Barkeeper und setzte sich neben Capaul an die Theke.

»Für mich dann nur ein Glas Wasser, wenn das geht«, bat Capaul.

»Möchten Sie rauchen?«, fragte der Barkeeper.

»Nicht vor dem Essen«, sagte Rudi und streckte wohlig seufzend alle viere von sich. »Dieses Wetter schlaucht ganz schön«, stellte er fest. »Und natürlich war ich trotzdem den ganzen Tag auf Achse.«

»In welcher Angelegenheit?«

»Sie stellen Fragen! Wegen Onkelchens Tod.«

»An einem Sonntag?«

»Ach, wenn Sie an die Ämter denken, die sind ein Klacks, heute ging es um ganz anderes. Ich sagte auch nicht, Beerdigung, ich sagte, Tod.«

»Mussten Sie die Familie informieren?«, bohrte Capaul.

Rudi schüttete den Kopf. »Ich bin schon alles, was Onkelchen an Familie hatte. Nun bin ich der Letzte der Pinggeras.« Gleich darauf stellte der Barkeeper ihnen das Wasser und für Rudi ein kleines Bier hin, ein sehr kleines, und Capaul erfuhr nicht mehr, was Rudi konkret auf Achse gehalten hatte.

Denn der plauderte gleich weiter. »An solchen Tagen bleibt man besser fahrtüchtig«, sagte er, als müsste er sich für das wirklich kleine Bier entschuldigen.

»Das habe ich mir auch gesagt.«

»Vor allem müssen Sie ja fit für morgen sein.«

»Für morgen?« Capaul begriff nicht gleich, wovon Rudi sprach.

»Ist morgen nicht Ihr großer Tag? Ihr erster Arbeitstag als Polizist? Nun tun Sie nicht so unterkühlt.«

»Ach so, doch. Wobei ich ja schon mittendrin bin, irgendwie.«

»Na ja«, sagte Rudi mit einem sonderbaren Beiklang, führte seine Bedenken aber nicht aus, sondern sah auf die Uhr, einen massiven Chronographen. »Also los, was verschafft mir die Ehre?«

Capaul beschloss, auf Umwege zu verzichten. »Vermutlich ist es nicht von Belang«, sagte er, »aber Sie wurden gesehen, wie Sie Ihren Onkel von der Padellahütte wieder heimgefahren haben, oder wohin auch immer. Ich kann mir keinen Reim darauf machen. Wie kam Ihr Onkel danach in den Öv in painch?«

Die Reaktion auf die Frage war sonderbar. Rudi antwortete eine ganze Weile nicht. Er trank sein Glas in zwei Schlucken leer, sah nochmals auf die Uhr und verstellte daran etwas, dann sah er Capaul gerade ins Gesicht. Ein minimales Lächeln umspielte seine Augen, das aber eher Spott als Freundlichkeit ausdrückte. »Ich kann tatsächlich nichts von Belang in Ihrer Frage entdecken. Auch keinen Zusammenhang mit irgendetwas, schon gar nicht mit dem Stallbrand, den Sie mit meiner gütigen Hilfe in Ansätzen untersucht haben, bis mein Onkel Sie höflich darauf aufmerksam gemacht hat, dass er auf polizeiliche Einmischung verzichtet.« Danach hob er eine Augenbraue, als wolle er sich selbst Respekt dafür zollen, dass er diesen komplizierten Satz so reibungslos über die Lippen gebracht hatte, und griff nochmals nach dem Glas, weil er vergessen hatte, dass es leer war.

»Stimmt, doch möchten Sie nicht auch wissen, wie es zum Tod Ihres Onkels kommen konnte?«, fragte Capaul.

»Nein, ich habe diesbezüglich keine Fragen«, sagte Rudi nur, dann fischte er ein Fünffrankenstück aus der Tasche. »Haben Sie auch eines?«

Capaul fand eines in seiner hinteren Hosentasche. »Sehen Sie, da hätten wir ja doch noch eine ganze Weile telefonieren können«, sagte er, weil ihm der Fund etwas peinlich war.

Doch Rudi sagte nur: »Rollen«, und legte einen Bierdeckel als Startlinie aus.

Capaul rollte seine Münze die Theke entlang, obwohl er nicht wusste, wozu oder worauf es ankam, dann rollte Rudi. Seine Münze rollte weiter. »Sie bezahlen«, erklärte er. »Das ist hier so üblich.«

Tatsächlich hatte der Barkeeper die Rechnung bereitgemacht, sobald die Münzen über die Theke geschnarrt waren, und schob sie Capaul zu.

Während Capaul einen Geldschein zückte, steckte Rudi seine Münze wieder ein, Capauls schob er dem Barkeeper als Trinkgeld zu. »Bis morgen«, sagte er zu ihm und stand auf.

Dann nahm er Capaul beim Arm. »Kommen Sie, ich will Ihnen etwas zeigen.«

Sie gingen nach nebenan, in die Bibliothek des Hotels, die allerdings wirkte, als sei sie nur gebaut worden, um einem großdimensionierten Ölgemälde den würdigen Rahmen zu geben: Kassettendecke, Perserteppiche, Regale mit alten Büchern, deren Rücken von Hand beschriftet waren, darüber mächtige Bogenfenster mit Bleiverglasung. Das Bild selbst, eine Madonna mit Kind, war noch beeindruckender als die Bibliothek, abgesehen von den Engelchen am unteren Bildrand, die recht abgedroschen wirkten.

»Kommt Ihnen das Bild nicht bekannt vor?«, forschte Rudi.

»Doch, ja, jedenfalls die Engel, die sieht man oft.«

Rudi lachte. »Stimmt, auf jeder Glückwunschkarte. Es handelt sich um Raffaels Sixtinische Madonna. Sie ist in etwa das, was Glenn Goulds Goldberg-Variationen für die Musik sind. Oder Roger Federer für den Sport. Ich sitze oft hier, eigentlich täglich, und versenke mich in ihren Blick.«

»Anblick.«

»Nein, Blick ist schon richtig. Kommen Sie, ich versuche, Sie einander bekannt zu machen.« Er setzte sich an einen Tisch mit hochlehnigen, dick gepolsterten Stühlen, offenbar seinen Stammplatz, Capaul tat es ihm nach. »Sehen Sie, wie sie den Jungen hält ... Nein, ich muss woanders anfangen, erst Marias Entourage: Der links von ihr, der sie so atemlos bestaunt und sich dabei ans Herz greift, ist Papst Sixtus IV., ein Mischler, eine Skandalnudel, aber ihm verdanken wir immerhin die Sixtinische Kapelle. Die Dame rechts, die sich schamvoll, vielleicht auch entsetzt abwendet und wohl gar nicht mit ansehen mag, was gleich geschehen wird, ist die heilige Barbara. Die Arme weiß noch nicht, was ihr selbst blüht: Weil sie sich dem Willen ihres einzigen Verwandten, ihres Vaters, widersetzt, wird sie erst vom römischen Statthalter Marzian derart misshandelt, dass ihr die Haut in Fetzen vom Leib hängt, dann, nachdem ihr Christus erschienen ist und sie wieder geheilt hat, lässt Marzian sie mit Keulen schlagen, er lässt sie mit Fackeln verbrennen und ihr die Brüste abschneiden. Das reicht aber immer noch nicht aus, schließlich legt ihr eigener Vater Hand an und köpft sie.«

»Was war denn ihr Verbrechen?«, fragte Capaul, dem nun wieder der Kopf pochte wie kurz nach seiner Ankunft.

»Sie hielt zu ihr«, sagte Rudi und zeigte auf Maria. »Sie weigerte sich, ihrem Glauben abzuschwören. Die beiden sind vom selben Schlag, Gian dür nennt man solche bei uns, Dickschädel. Wobei Barbara doch nicht ganz Marias Klasse hat, mit etwas mehr Diplomatie hätte sie sich retten können, retten müssen. Denn ihr Tod hat letztlich keinem viel gebracht. Im Unterschied zu Marias Martyrium. Aber so ist es eben im Sport: Leiden tun alle, krepieren immerhin viele, aber Helden werden nur ganz wenige.«

Capaul begriff nicht alles davon, zudem wollte er gern bald aus dem Raum, denn er hatte den vagen Verdacht, dass ihm etwas hier nicht guttat, womöglich Milben.

»Marias Blick«, erinnerte er Rudi.

»Richtig, vergessen wir die Verlierer, widmen wir uns den Siegern. Es ist ganz klar, sie und ihr Sohn spielen in einer anderen Liga. Sie sehen uns unverblümt an, mit einer Gelassenheit, die an Langeweile grenzt. ›Was starrt ihr uns so an, wir wissen, dass wir die Größten sind. Na und?‹ Dabei liegt alles noch vor ihnen. Aber sie zweifeln nicht, keinen Hauch. Da ist auch keine Eitelkeit, wie man sie den anderen beiden unterschieben könnte. Maria und Jesus sind identisch mit ihrer Aufgabe. Sehen Sie, wie Maria ihren Sohn hält, nämlich nicht wie eine Mutter ihr Kind. Sie hält ihn wie eine Ware, Jesus ist das Lamm, das sie im nächsten Augenblick darreichen wird, uns, den armen Sündern. Jesus hat denselben Ausdruck im Gesicht, ganz offensichtlich weiß er, was ihm blüht, doch es schreckt ihn nicht, im Unterschied zum Papst und zu Barbara. Die beiden sind im Bild das Kanonenfutter, sie bilden den Hintergrund, vor dem Maria und Jesus erstrahlen.«

Für einen Augenblick vergaß Capaul seine Schmerzen. Er hatte noch nie ein Bild so betrachtet. »Was ist mit den Engeln, wofür stehen die?«, wollte er wissen. »Sie sehen richtig gelangweilt aus.«

»Die Engel trennen die Spreu der Betrachter vom Weizen«, sagte Rudi trocken. »Sie sind Futter für das Volk. Idioten lieben Engel. Für die Aussage des Bildes sind sie völlig unerheblich.«

Capaul wurde etwas rot. »Und was ist erheblich?«, fragte er.

»Na ja, Sie wissen hoffentlich, was Maria ihrem Sohn zumutet?«

»Er wurde gekreuzigt.«

»Genau. Zwar für einen guten Zweck, aber trotzdem, er ist ihr Sohn, dazu ihr einziges Kind. Was meinen Sie, wie schafft sie es, so entspannt zu sein?« Er sah Capaul erwartungsvoll an.

»Ich weiß es nicht, sagen Sie es mir.«

»Kommen Sie, strengen Sie sich etwas an.«

»Ich weiß es wirklich nicht.«

»Weil die Gute akzeptiert hat, Capaul, dass dies der Lauf der Welt ist. Sie hat eine Aufgabe im Leben, und ihr Sohn hat eine. Beide haben ihre nicht gewählt, und doch gehen sie ganz darin auf. Das ist Demut. Und diese Demut macht den Unterschied.«

»Zu wem?«

»Den Unterschied zwischen Siegern und Verlierern.« Er schlug Capaul kräftig auf die Schulter und erhob sich. »Wir vertrödeln uns, ich habe zu tun.«

Als sie die Bibliothek verließen, gab er Capaul den Vortritt. »Aber ist die Botschaft angekommen?«, fragte er in seinen Rücken.

Das verwirrte Capaul. »Ja«, sagte er, »nein, welche?«

Sie erreichten einen Treppenabsatz, an dem sich offensichtlich ihre Wege trennten, denn Rudi zog ihn kurz am Ärmel und hielt an. Danach ordnete er Capauls zerknautschten Anorak, obwohl es verlorene Liebesmüh war, und sagte: »Demut, Capaul. Demut macht den Unterschied zwischen Siegern und Verlierern. Demut seiner Aufgabe gegenüber. Ich weiß nicht, was das für einen Polizisten bedeutet, aber Sie sollten darüber nachdenken.«

»Warum?«

»Ich glaube, der heiligen Barbara fehlte es an Demut.« Er hob die Hand, als wollte er Capauls Wange tätscheln, aber es war dann doch nur sein Gruß, bevor er sich abwandte und sehr leichtfüßig die Treppe emporstieg, zwei Stufen auf einmal nehmend.

X

Capaul schwankte, ob er Rudi noch fragen sollte, wo er seine Wäsche waschen ließ, oder doch besser an der Rezeption um eine Kopfwehtablette bitten sollte. Als er sich entschieden hatte, Rudi zu folgen, war der obere Flur schon leer. Allerdings hörte er die Tür zur Feuertreppe klicken, eilte dem Geräusch nach und trat, als er im Treppenschacht keine Schritte hörte, durch eine kleine, unscheinbare Tür ohne Schloss, die fast unsichtbar in die Wand gebettet war und hinter der sich ein Putzraum befand. Vom Putzraum wiederum führte ein Durchgang zur Angestelltengarderobe, und hier, an einem Kleiderhaken, auf dessen Namensschild jemand mit Bleistift *Hilari* geschrieben hatte, baumelte ein Stoffbeutel mit Rudis Slippern. Inzwischen war Capaul offensichtlich im Personaltrakt, von der Garderobe führte ein enger, etwas schäbiger Flur an zahlreichen Wohnungstüren vorbei, die eng an eng lagen. Auf dem Klingelschild der zweitletzten stand wiederum *Hilari*.

Capaul war versucht zu klingeln, doch er wollte bei Rudi groß auftreten, und dazu brauchte er die Rioja-Flasche. Außerdem zwangen ihn die Kopfschmerzen, eine Tablette zu organisieren. Seinen Anorak hängte er im Vorbeigehen in die Angestelltengarderobe, und weil die Empfangsdame sich nicht an sein Gesicht erinnerte, ging er als Gast durch und wurde überaus freundlich bedient.

Während die Rezeptionistin auf die Suche nach einer Tablette ging, hörte er der Unterhaltung zweier Damen, wohl

Amerikanerinnen, mit einem Hotelangestellten zu. Es ging darum, einen größeren Einkauf in St. Moritz' Prunkläden zu organisieren. Die Damen wären gern chauffiert worden, im Rolls-Royce, und der Page schloss das auch nicht aus, er wies nur darauf hin, dass die Läden so dicht beieinanderlägen, dass das Ein- und Aussteigen kaum die Mühe lohne. Er hätte es vorgezogen, sie mit dem Gepäcktrolley zu begleiten.

»Ist das nicht ein bisschen ordinär?«, fragte die eine, eine falsche Blondine mit Pelzmütze und reich gemustertem Strickrock, dazu trug sie hochgeschnürte Stiefeletten, womöglich aus Schlangenleder.

»Nun, ich darf Ihnen nicht verraten, wen ich schon alles so begleitet habe«, sagte der höchstens zwanzigjährige Page charmant, »aber würden Sie Alfred Hitchcock oder Prinzessin Soraya von Thurn und Taxis ordinär nennen?«

»Dann soll der Trolley auch uns gut genug sein«, sagte die Jüngere, und ausgesprochen verwundert fügte sie hinzu: »Ich hätte ja nie gedacht, dass die Schweiz ein so kleines Land ist, dass man darin nicht Auto fahren kann.«

Capaul bekam auch etwas Glamour ab, ihm wurde das Wasser für seine Tablette im Silberkännchen serviert. Dafür war es nur ein Aspirin.

»Ich weiß nicht, ob die bei mir nützt«, sagte er zur Rezeptionistin. »Falls nicht, wo finde ich dann die nächste Apotheke?«

»Wir haben in St. Moritz gleich zwei, nur sind die um die Uhrzeit geschlossen. Ich kann Ihnen aber jederzeit unseren Hotelarzt rufen.«

»Danke«, sagte Capaul, »erst gehe ich etwas an die frische Luft.«

Er holte die Rioja-Flasche. Erst auf dem Rückweg von der Tiefgarage fiel ihm ein, dass Rudi angedeutet hatte, den

Abend auswärts zu verbringen. Der lockere Trab, den er eingeschlagen hatte, weil ihn fröstelte, verstärkte zudem den Kopfschmerz. Beides sprach dafür, den Besuch zu verschieben. Handkehrum hatte er keine Ahnung, was ihn ab morgen auf dem Revier erwartete und ob er überhaupt noch dazu kommen würde, Rainer Pinggeras Tod nachzuforschen.

Den Ausschlag gab schließlich der Ärger, weil Rudi ihn so geschickt ins Leere hatte laufen lassen.

Im Angestelltentrakt herrschte Durchzug, schon in der Garderobe roch Capaul gebratenes Fleisch, der Duft drang aus der Wohnung *Hilari*. Er klingelte. Rudi öffnete auch gleich und zog erstaunt eine Braue hoch, bevor er lächelnd sagte: »Der Punkt geht an Sie, Capaul.« Er trug eine Küchenschürze und widmete sich auch gleich wieder dem Essen, die Kochnische lag direkt neben der Tür. »Wollen Sie nicht hereinkommen?« Während er das Fleisch wendete, schob er mit dem Fuß die Tür ganz auf.

Capaul quetschte sich an ihm vorbei, denn auch dieser Flur war schmal und führte in ein winziges Studio, links und rechts mit Holz verkleidet wie eine Schiffskajüte, dazu äußerst funktional möbliert, der Tisch war ein Klapptisch, das Bett ein Schrankbett. Die Täfelung verbarg gewiss Einbauschränke.

»Ich wohne ganz ähnlich«, stellte Capaul fest und sah sich vergeblich nach einem Stuhl um – nur auf dem Balkon stand einer, daran hing Rudis Anzug zum Lüften. Er ließ sich auf der Tischkante nieder und fragte. »Wer ist Hilari?«

»Ganz so helle sind Sie also doch nicht«, bemerkte Rudi genüsslich, schob das dicke Steak auf einen Teller, nahm Messer und Gabel und setzte sich auf den Bettrand. »Hilari bin ich. Hilari, der Heitere, mein Pfadfindername. Hier zu wohnen erinnert mich an die Zeltlager früher. Nicht dass ich immer so hausen würde. Aber sehen Sie, in meiner Branche geht es, was den Cashflow betrifft, stetig auf und ab. Das hat nichts mit Erfolg oder Misserfolg zu tun, mein Geld ist nun mal gerade gebunden, also kampiere ich. Bringen Sie mir Wein mit?«

»Nein, die ist leer«, antwortete Capaul und reichte ihm die Flasche. »Kennen Sie sie?«

Rudi nahm sie ohne besondere Regung entgegen, dann stellte er den Teller auf den Fußboden und trug sie hinaus in den Flur.

»Kennen Sie sie?«, fragte Capaul in seinen Rücken.

Da hatte Rudi die Flasche bereits in den Müllschlucker geworfen.

»Oh ja, die Sorte kenne ich«, sagte er, während er zurückkam, »ein fürchterlicher Fusel, total verschwefelt. Gerade vor ein paar Tagen habe ich davon gekostet.«

»Die Flasche hätte ich noch gebraucht.«

Rudi setzte sich und aß ungerührt weiter. »Wozu?«, fragte er kauend.

»Ihr Onkel hatte sie im Öv in painch bei sich.«

»Ach ja?« Rudi lachte. »Kein Wunder, hat ihm danach der Schädel gebrummt! Dann hat er sie bei mir mitgehen lassen. Und Sie haben also einen Sonntagsspaziergang da hoch gemacht? Hat Ihnen niemand gesagt, wie riskant das ist? Höchste Lawinengefahr.«

»Ich war noch in der Nacht oben.«

»Und wie sind Sie hochgekommen? Zu Fuß?«

»Nein, Peter hat mich gefahren, mit dem Traktor.«

»War die Straße nicht gesperrt?«

»Doch, schon, aber Peter kannte da einen Trick.«

Rudi hatte aufgegessen, stellte den leeren Teller auf den Tisch neben Capaul und musterte ihn einen Augenblick fasziniert. Er verschwand im Bad, das gegenüber der Kochnische lag und ebenso winzig sein musste, erschien allerdings gleich wieder im Türrahmen und tupfte den Mund manierlich mit Toilettenpapier ab.

»Capaul, Sie sind echt eine Nummer«, stellte er fest. »Im Skizirkus gibt es auch immer wieder solche Exoten, die auf der Rennpiste Kopf und Kragen riskieren, obwohl sie nur verlieren können. Dort sind es Haitianer oder Jamaikaner. Wo kommen Sie her?«

»Ich habe nicht die Absicht zu verlieren«, erwiderte Capaul. »Sie geben also zu, dass die Flasche Ihnen gehört?«

Rudi nickte beiläufig. »Mein Ehrgeiz beschränkt sich nicht aufs Skifahren. Unter anderem setze ich ihn ein, um untrinkbare Weine zu retten. Sie machen sich keinen Begriff davon, wie viele edle Tropfen in einem Hotel wie dem Badrutt's Palace Abend für Abend retourniert werden. Korken, Böckser, Ethylacetat. Seit letztem Jahr landen sie bei mir, für ein Trinkgeld. Wenn es mir gelingt, sie wieder trinkbar zu machen, kauft das Hotel sie zurück, für den Offenausschank.«

»Wo tüfteln Sie, etwa hier?«

»Nein, natürlich nicht«, sagte Rudi lediglich. »In Samedan bei der Abzweigung zum Flugplatz, in der alten Garage gleich hinter der Schreinerei, dort ist mein Weinlabor. Ich habe gerade drei sehr schöne Flaschen Château Margaux gerettet. Sie waren verkorkt, aber jetzt schmecken sie einwandfrei. Ich lebe ›verzweigt‹, wie ich es gern nenne. Ins Badrutt's Palace ziehe ich mich zurück, wenn ich die Versenkung suche. Dann wohne ich in der Regel natürlich drüben, in der Beletage. In engeren Zeiten quartiert die Geschäftsleitung mich netterweise nicht aus, sondern lässt mich beim Personal wohnen. Nicht ganz ohne Eigennutz, denn ich habe Besucher, und nicht selten steigen sie hier ab. Ölscheichs, Uhrenproduzenten, IT-Moguln. Die Leute wenden sich an mich, wenn sie in gewisse Sportsegmente investieren wollen, und ich stelle die Kontakte her.«

»Die Landverkäufe in St. Moritz und entlang dem Inn in Hinblick auf die Olympiade, war das so ein Geschäft?«, fragte Capaul.

Rudi nickte freimütig. »Davon habe ich eine ganze Weile gelebt.«

»Aber ich denke, die Sache ging in die Hose.«

»Fragt sich, für wen«, entgegnete Rudi. »Und überhaupt, kurzfristig mag etwas in die Hose gehen, langfristig siegt immer der Beharrlichere. Haben Sie eine Ahnung, wie oft Kolumbus in See gestochen ist?«

»Nein.«

»Vier Mal.« Er sagte es, als spiele er einen Trumpf aus, lächelnd sah er Capaul in die Augen.

»Ich verstehe nicht, was soll das beweisen?«

»Nur nicht ungeduldig, das war eine wohleinstudierte Kunstpause«, erklärte Rudi. »Rhetorik ist das A und O meines Erfolgs. Ich kann nicht zu meinen Investoren gehen und sagen: ›Rendite fünf Prozent, Anlagesicherheit maximal, Cashflow soundso …‹ Damit überzeugt man vielleicht Dummköpfe, aber meine Klientel ist hochintelligent, sie besteht aus den erfolgreichsten, einflussreichsten, nicht zuletzt verwöhntesten Global Playern überhaupt. Sie interessiert nur eines: ›Macht mein Engagement Sinn?‹ Diesen Männern und Frauen geht es nicht um Reichtum, reich sind sie sowieso. Ihnen geht es darum, in der Welt eine Spur zu hinterlassen. Und weil ihnen die Phantasie und die Begabung fehlen, etwas für die Ewigkeit zu erschaffen, nehmen sie dankbarst meine Hand, wenn ich sage: ›Ich bringe Sie jetzt mit jemandem zusammen, der sein ganzes Leben dieser einzigartigen Sache geweiht hat.‹«

Capaul glaubte zu begreifen. »Wie Kolumbus mit Amerika.«

»Erwischt«, sagte Rudi grinsend. »Das ist das Verrückte, alle glauben, Kolumbus' Heldentat sei, dass er Amerika gesucht und gefunden hat. Dabei, was hat er wirklich gesucht?«

Capaul musste raten. »Anerkennung? Berühmtheit?«

»Quatsch, einen Seeweg nach Indien«, rief Rudi. »Und den hat er nicht gefunden. Er hatte zwar die richtige Route gewählt, aber nicht damit gerechnet, dass ihm ein unbekannter Kontinent im Weg stehen könnte. Bis Indien kam er nie. Was würden Sie nun sagen, Capaul, ist er gescheitert? Ist er ein Verlierer? Nein, natürlich nicht! Der Mann hat gewonnen, und viel mehr, als er hatte hoffen können. Zurück zu uns. Glauben Sie noch immer, die bloße Tatsache, dass das Volk keine dritte Olympiade in St. Moritz will, macht mich zum Verlierer?«

Capaul hätte viel für einen Schluck Wasser gegeben, denn die einzige Wirkung, die das Aspirin bisher zeigte, war ein trockener Mund. Er hatte aber gleichzeitig das Gefühl, Rudi sei, all seinen Ausschweifungen zum Trotz, nahe daran, etwas Wesentliches preiszugeben.

»Welche Geschichte haben Sie Ihren Investoren zu Olympia erzählt?«, hakte er nach. »Wo war hier der höhere Sinn? Wer war der Held Ihrer Kampagne?«

Beim Wort »Kampagne« durchfuhr Rudi ein leiser Schauer, vielleicht war ihm das Wort zu ordinär. Er ging zur Kochnische, nahm ein Glas, füllte es mit Wasser und trank, danach blieb er an den Herd gelehnt stehen. Capaul erinnerte sich an die sehr ernste Mahnung während der Polizeiausbildung: Lass nie zu, dass dir jemand den Fluchtweg abschneidet. Allerdings schien ihm, von Rudi ging eine viel dezentere Gefahr aus.

Rudi war inzwischen aus den Schuhen geschlüpft und rieb einen Fuß am anderen. »Ist Ihnen St. Moritz 1974 ein Begriff? Die alpine Weltmeisterschaft? Wie könnte es, da waren Sie noch gar nicht auf der Welt. Entlang der Rolltreppe vom Parkhaus Serletta hierher hängen Fotos, schauen Sie sie sich an. Jedenfalls, ich war damals neun Jahre alt, und diese Erfahrung hat alles ausgelöst. Die Idee der Engadiner Olympiade ist meine ganz persönliche Geschichte.«

Er griff nach dem Glas, womöglich war das auch so eine Kunstpause, dann fuhr er fort: »1974 also. Rudi Pinggera war ein kleiner blonder Junge, der sich mit Leib und Seele dem Skifahren ergeben hatte. Jeden Tag stieg er auf den Hang, morgens ließ er dafür das Frühstück aus, nachmittags rannte er aus dem Schulzimmer, sobald die Glocke schellte. Er verpasste kein Rennen im Fernsehen und kannte das gesamte Schweizer Kader mit Namen, Geburtstag, Hobbys. Bernhard Russi war er sogar persönlich begegnet, ganz zufällig vor einem Weltcuprennen am Piz Nair. Dann kam die Weltmeisterschaft, die ebenfalls hier in St. Moritz ausgetragen wurde. Schon Monate davor konnte Klein Rudi vor Aufregung nicht schlafen, ein gigantisches Fest sollte es werden, und er mittendrin. Die Schweizer hatten in jenem Winter bereits mehrere Rennen gewonnen, sie waren also in Hochform. Russi reiste zudem als zweifacher Weltmeister in der Königsdisziplin an, der Abfahrt. Collombin hatte '72 hinter Russi Silber geholt, und auch Roux und Vesti waren jederzeit für einen Sieg gut. Bekanntlich kam alles anders. Russi und Roux erwischten den falschen Ski, Vesti verhaute das Ziel-S, und Collombin, der Mann mit den legendären sechzig Zentimetern Oberschenkelumfang, stürzte. Schon bei der Zwischenzeit hatte er eine knappe halbe Sekunde hinter dem Österreicher Zwilling gelegen, der die Abfahrt schließlich gewann. Vesti fuhr auf den neunten Platz und war damit bester Schweizer.«

Rudi legte eine weitere Kunstpause ein, öffnete den Kühlschrank und fand ein angebrochenes Joghurt, das er auslöffelte. »Es war ein Desaster«, fuhr er mit vollem Mund fort. »Klein Rudi, der mit seiner Schulkasse im Zielraum stand, weinte bittere Tränen. Viele weinten, und nicht nur Kinder. Hinter Zwilling wurde Franz Klammer, ebenfalls ein Österreicher, Zweiter, Frommelt, Liechtenstein, Dritter, Cordin, nochmals Österreich, Vierter. Und so ging es weiter, die gesamten Weltmeisterschaften hindurch: Den Slalom gewann der Südtiroler Thöni wieder vor Zwilling, den Riesenslalom nochmals Thöni vor Hinterseer, Österreich, die Kombination gewann Franz Klammer. Nicht anders bei den Damen, Lise-Marie Morerod holte die einzige Medaille, Bronze im Slalom. Die Grabesstimmung im Engadin, ach, im ganzen Land, können Sie sich ausmalen. Und sie hielt an, weit über die Weltmeisterschaft hinaus. Klein Rudi jedenfalls erholte sich erst, als im Frühling der Schnee schmolz. Die Ski hatte er nicht mehr angefasst. Dann, an einem sonnigen Apriltag, stieg er in Turnschuhen auf den Piz Nair, saß über Stunden im damaligen Zielraum der Abfahrtsstrecke, um überhaupt endlich zu begreifen, was geschehen war, und stieg mit dem Schwur wieder hinab, dass er eines Tages sein Dorf zum Jubeln bringen würde, sein Dorf, das Tal, das gesamte Land, und zwar durch einen Sieg hier am Piz Nair. Olympiasieger in der Abfahrt wollte er hier werden. Dem weihte er sein Leben.«

»Sie wollen doch nicht sagen, Sie wären jetzt, mit fünfzig Jahren, nochmals gestartet?«, fragte Capaul verwundert.

Rudi sah ihn leicht gereizt an, doch er verlor den Faden nicht. »Nein. Die Realität hielt meinem Traum nicht stand, doch ich war nahe dran: Olympiagold in der Abfahrt habe ich um Haaresbreite verpasst, gejubelt wurde trotzdem, und wie. Was noch fehlt, schmerzlich fehlt, ist die Olympiade im eigenen Dorf. Doch nachdem ich gut vierzig Jahre für meinen Traum gekämpft habe, gebe ich nicht auf. Denn die Entscheidung des zähen Engadiner Buben am Fuß des Piz Nair in jenem Frühling 1974 war mehr als eine Entscheidung, sie war ein Versprechen an sein Tal, an seine Heimat. Das Versprechen, Größe und Anmut nach St. Moritz zurückzubringen, dazu das Lächeln des Siegers und die unvergleichliche Aura von Gold.«

Er hatte seine Rede beendet und schwang sich von der Anrichte auf, um in einer der Wandschubladen eine Krawatte auszusuchen, sie zu rollen und lässig in die Hosentasche zu schieben.

»Damit haben Sie die Investoren überzeugt?«, versicherte sich Capaul.

»Damit habe ich alle überzeugt.«

»Na ja, dann hätten Sie die Abstimmung gewonnen.«

»Hätte ich auch, wären nicht diese Angstmacher aufgetaucht, die neuerdings die Politik vergiften. St. Moritz hat zwei Olympiaden gemeistert, 1928 und 1948, und diesen Olympiaden verdankt es bis heute seinen Ruf als weltweit erste Ski-Destination. Eine dritte Olympiade wäre die Krönung gewesen.«

»Gewesen? Haben Sie nicht eben noch gesagt, Sie geben nicht auf?«

Rudi schien zu überlegen, wie viel er preisgeben wollte, dann beugte er sich vor und sagte verschwörerisch: »Womöglich ist die Olympiade gar nicht mehr das richtige Gefäß für einen Triumph. Heute dominieren die Tennis-Grand-Slams, die Fußball-Champions-League, der America's Cup, die Milliardenkämpfe in der Box-Arena. Vielleicht war eine dritte Olympiade nicht zu groß, sondern zu klein gedacht.«

Kurz schwieg er theatralisch, dann nahm er die Schuhe auf, setzte sich auf die Bettkante und zog sie an. Capaul sah das Ende ihrer Unterhaltung nahen und beschloss, konkret zu werden. »Sie haben mit der Olympia-Kampagne eine Menge Geld verloren. Wie holen Sie das wieder rein?«

»Nein, da haben Sie schlecht zugehört. Die Kampagne haben andere bezahlt, auch ich wurde dafür bezahlt. Ich sagte nur, ich habe Geld investiert und bin gerade nicht liquide. Was sich täglich ändern kann.«

»Etwa durch den Tod Ihres Onkels?«

Die Frage schien Rudi nicht zu überraschen. Er lächelte, dann ging er ins Bad, um vor dem Spiegel sein Hemd zu richten. Gleichzeitig fühlte er mit der Zunge über die Zähne und tat Zahnpasta auf die elektrische Bürste. »Onkelchen saß auf allerhand Sachwerten, das ist richtig«, erklärte er, »Geld flüssig hatte er kaum. Aber es ist auch richtig, dass ich der Haupterbe bin. Wobei Sie ja aus eigener Erfahrung wissen, die Abwicklung passiert nicht von heute auf morgen.«

Während Rudi die Zähne putzte, ging Capaul in Gedanken ihre bisherigen Begegnungen daraufhin durch, wann und wo er Rudi vom Tod seiner Mutter erzählt haben mochte, aber ihm fiel nichts ein.

»Jedenfalls ist der Tod Ihres Onkels nicht zu Ihrem Schaden«, sagte er, sobald Rudi seine Zahnbürste ausschaltete. »Verzeihen Sie, dass ich so direkt bin.«

»Geschenkt, aber was heißt ›nicht zu meinem Schaden‹, ich habe Onkelchen geliebt. Er gehörte zu einer aussterbenden Gattung, zäh und trutzig wie eine Arve irgendwo auf zweieinhalbtausend Metern, kaum totzukriegen, ein eiserner Kämpfer. Wissen Sie übrigens, wie vor hundert

Jahren Skirennen ausgetragen wurden? ›Oben bei der Alphütte ist der Start, der Stammtisch im Weissen Kreuz ist das Ziel. Wer verliert, bezahlt.‹ Dann ging es brachial talwärts, mit Sprüngen über Felsen und Tobel, vereiste Bäche hinab. Es wurde munter gerempelt und geprügelt. Der Radikalste hat gewonnen. Zu Hause im Stall wurde getüftelt, jeder hatte seinen eigenen Ski, seine selbstentwickelte Bindung. Es wurde spioniert, sabotiert. Es gab kein Reglement, nur Entschlossenheit und Tatkraft. Onkelchen war einer der Letzten von dem Schlag.« Rudi holte das Jackett vom Balkon und zog es an.

»Warum haben Sie ihn gestern zurückgefahren?«, fragte Capaul. »Oder besser, wohin haben Sie ihn gefahren?«

»Er wollte nach Hause, es war ihm zu laut, und wir konnten Annamaria nicht finden. Auf sie hatte er sich gefreut.«

»Hat sie auch kein Handy?«

»Ich weiß nicht, was Sie mit ›auch‹ meinen, aber doch, sie hat eines. Bei dem Lärm konnte sie es natürlich nicht klingeln hören.«

»Haben Sie gestritten? Ihr Onkel und Sie?«

»Man könnte glatt vergessen, dass Sie noch gar kein Polizist sind«, sagte Rudi süffisant. »Doch, natürlich haben wir gestritten, Onkelchen und ich, wir streiten immer. Sehen Sie, da rede ich, als würde er noch leben. Es wird noch eine Weile dauern, bis ich begreife, dass er tot ist.«

»Worüber gestritten?«

»Keine Ahnung, über die Heizung im Auto, den Radiosender. Wir haben immer einen Grund gefunden. Es war unsere Form von Zärtlichkeit.«

»Und dann ist er im Streit aus dem Auto ausgestiegen, auf Höhe des Öv in painch«, schloss Capaul.

»Scharf gedacht, so war es.«

»Freiwillig?«

Rudi lachte. »Was Sie nicht alles fragen. Ich kann beim besten Willen nicht sagen, wessen Idee es war. Möglich, dass ich angehalten und gesagt habe: ›Wenn du doch nur stänkerst, Onkelchen, geh doch gleich zu Fuß.‹ Genauso gut ist es möglich, dass er gesagt hat: ›Mit einem Fuzzi wie dir fahre ich keinen Meter weiter‹, und mitten in der Fahrt die Tür geöffnet hat. Alles schon vorgekommen. Was ich Ihnen versichern kann: Ich habe ihn nicht mit Gewalt aus dem Auto befördert. Onkelchen war ein erwachsener Mann, und so habe ich ihn auch immer behandelt.«

»Wie kam er zum Rioja?«

»Womöglich hatte ich den im Auto, ich habe Ihnen ja erzählt, dass ich manchmal eine Flasche aufbereite.«

»Wo hätte sie gelegen? Im Kofferraum?«

»Ja, im Kofferraum habe ich eine Kiste mit Holzwolle, extra dafür.«

»Sieht man vom Beifahrersitz aus in den Kofferraum? Dazu mit Makula-Degeneration?«

Rudi nickte anerkennend. »Touché. Möglich, dass er gesagt hat: ›Wenn du mich hier rausschmeißt, gib mir wenigstens etwas zu trinken mit auf den Weg‹, und so habe ich ihm gegeben, was ich dabeihatte. Wahrscheinlicher ist aber, dass er schon davor das Auto durchsucht und die Flasche gemopst hat, einfach um mich zu ärgern.«

»Wie hat er den Kofferraum aufgebracht?«

»Meist gebe ich ihm den Schlüssel, wenn wir gemeinsam unterwegs sind. Dann kann er sich in den Mercedes zurückziehen, wann immer er will. Er geht nicht mehr gern weg. Möglich, dass er auch gestern schon gemeckert hat, kaum waren wir ausgestiegen, und gleich wieder wegwollte. Auch möglich, dass ich gesagt habe: ›Ich werde auf alle Fälle Annamaria suchen und mit ihr ein Glas trinken, schließlich sind wir verabredet. Meinetwegen bleib im

Auto und hör dir das Wunschkonzert an.‹ Halten Sie das für ein Verbrechen?«

»Nein.«

»Wäre es ein Verbrechen, wenn ich ihn unterwegs hätte aussteigen lassen? Sie müssen wissen, ich konnte darauf zählen, dass, zumindest wenn er der Straße entlanggeht, ihm sehr bald jemand entgegengekommen wäre, der ihn mitgenommen hätte. Ihn kennen ja alle. Kannten.«

»Nein, das alles wäre wohl kein Verbrechen«, gab Capaul zu. »Ich bin froh, dass wir darüber geredet haben.«

»Ja, ich auch.« Rudi öffnete die Tür und gab Capaul den Vortritt.

»Wenn ich trotzdem die Rioja-Flasche wiederhaben möchte«, sagte Capaul, »wohin müsste ich da gehen?«

Rudi schien für einen Augenblick die Fassung zu verlieren, doch dann zeigte er wieder nur ein breites Lächeln. »Sie geben nie auf, was? Nehmen Sie einfach die Treppe hinunter bis in den letzten Stock, dann stehen Sie direkt vorm Container. Von dort gibt es übrigens einen direkten Weg zur Tiefgarage, ich nehme an, dort haben Sie geparkt. Folgen Sie einfach dem Notausgang-Zeichen.« Er selbst schlug die andere Richtung ein, zurück zum Badrutt's Palace. Er sah sich nicht mehr um, als Gruß genügte ihm ein flüchtig über die Schulter gehobener Zeigefinger.

XI

Capaul hatte gar nicht im Sinn, die Flasche zu holen. Als Beweismittel hatte sie ausgedient, und immerhin hatte sie ihn zu Rudi geführt. Er kehrte zum Auto zurück und fuhr nach Samedan ins Spital. Diesmal erlaubte er sich auch, beim Eingang zu parken.

Inzwischen war es fast elf Uhr, der Empfang war geschlossen, und der Nachtportier ließ sich Zeit.

»Dafalgan bitte«, sagte Capaul, als endlich die Jalousie hochging, »ich habe heftige Kopfschmerzen.«

»Dann muss ich einen Arzt rufen«, sagte der Portier.

»Nein, nicht nötig, Dafalgan hilft.«

»Aber wir sind keine Apotheke, Medikamente bekommen Sie nur, wenn Sie als Patient aufgenommen sind.«

»Ihre Kollegin hat mir gestern welche gegeben.«

»Das müssen ihre eigenen gewesen sein, vermutlich haben Sie ihr gefallen.«

»Sie hat sie aus der Schublade da genommen.«

Etwas Unverständliches murmelnd, öffnete der Portier die Schublade. »Na schön, reichen fünfhundert?«

»Fünfhundert was?«

»Milligramm. Fünfhundert müssen reichen, die Tausender sind rezeptpflichtig.«

»Ihre Kollegin hat mir aber eine Tausender gegeben«, behauptete Capaul aus lauter Trotz.

»Das geht mich nichts an.« Der Portier schnitt zwei Tabletten vom Streifen und schob sie Capaul hin. »Zweimal fünfhundert macht auch tausend. Zufrieden?«

»Kann ich nicht einfach die Schachtel haben? Ich bezahle sie auch.«

»Die gehören mir nicht, ich habe für Sie gestohlen. Und allmählich bereue ich es. Außerdem sind selbst Kopfwehtabletten nicht so harmlos, wie Sie vielleicht denken.«

»Dann bedanke ich mich«, sagte Capaul und ging zur Toilette, um sie zu schlucken. Diesmal waren es keine Brausetabletten. Danach kehrte er in den Wassermann zurück.

Bernhild und Peter saßen über einem Katalog mit Schneeschleudern, offenbar schon länger, denn als Capaul kam, reckten sie sich ächzend, und Bernhild erklärte: »Nächsten Winter will die Gemeinde meinen Hof nicht mehr freiräumen. Keine Ahnung, wie das gehen soll.«

Und Peter sagte: »Ich will ja helfen, aber ich hab's im Rücken.« Dann stellte er fest: »Jetzt wären wir drei.«

»Aber Capaul kann nicht jassen«, antwortete Bernhild, und zu Capaul sagte sie: »Der *Tatort* war so schlecht, dass wir ausgeschaltet haben, und jetzt mopsen wir uns ein bisschen.«

»Ich kann Uno«, sagte Capaul. »Meine Mutter wollte das andauernd spielen.«

»Das ist doch für Kinder«, sagte Peter und wechselte mit Bernhild einen Blick.

Die sagte: »Na, meinetwegen«, und zog ein Spiel Uno-Karten aus einer Kiste mit Kinderspielzeug, die unter der Stammtischbank lagerte. Capaul erklärte die Regeln, danach spielten sie ein paar Runden. Aber Capaul gewann jedes Mal, und bald sagte Peter: »Ganz vergessen, ich habe morgen Melkdienst, das heißt Tagwache um halb fünf«, und erhob sich.

»Habe ich gestört?«, fragte Capaul, als er mit Bernhild allein war.

»Nein.«

»Ist etwas vorgefallen?«

»Nein«, wiederholte sie bloß. »Und wann geht's bei dir morgen los? Großer Tag, was?«

»Erst um zehn.«

»Dann sollten wir uns ein Bier gönnen und auf deine letzten Stunden als freier Mann anstoßen«, schlug sie vor, zapfte zwei kleine Stangen und dämpfte das Licht. »Aufgeregt?«, fragte sie, nachdem sie sich neben Capaul auf die Bank gesetzt hatte, und prostete ihm zu.

»Nein.« Capaul nippte am Glas. »Ich war bei Rudi Pinggera, wegen der Rioja-Flasche.«

»Oh, das hättest du mal früher erzählen sollen, als Peter noch da war.«

»Es gibt gar nicht viel zu erzählen. Rudi konnte mir alles einleuchtend erklären: Er wollte seinen Onkel heimfahren, sie haben sich gezankt, und der Alte ist ausgestiegen. Rudi dachte, der lässt sich von einem anderen Festbesucher heimfahren, stattdessen hat er sich im Öv in painch volllaufen lassen. Der Zufall wollte, dass er an verschwefelten Wein geraten ist. Das, in Kombination mit dem Sonnenstich, hat ihn gefällt. Gefällt wie eine Arve – so hat ihn Rudi genannt.«

»Oje«, sagte Bernhild. »Aber dann kannst du dich ja jetzt entspannen. Trink.« Sie holte sich selbst noch eine Stange.

»Mein Kopfweh wird gerade besser, da will ich nichts aufs Spiel setzen.«

»Komm, ich massiere dich«, sagte Bernhild, und ohne eine Antwort abzuwarten, kniete sie auf die Bank, drehte seine Schultern so, dass er ihr halbwegs den Nacken zuwandte, und machte sich an ihm zu schaffen. »Ich denke, die Sache ist endlich gegessen?«

»Offenbar nicht, ich kann es nicht ändern. Luzia hält es für einen genetischen Defekt. Solange nicht alles zueinanderpasst, hört es hier oben nicht auf zu drehen.« Er tippte sich an die Schläfe, dann befreite er sich, drehte sich Bernhild zu, nahm das Glas und erklärte: »Massage hat bei mir noch nie geholfen. Danke trotzdem, und prost.« Er stellte es ab, ohne getrunken zu haben, und wollte wieder auf Rudi zu sprechen kommen, doch Bernhild war schneller.

»Hältst du mich für alt?«, fragte sie.

Er zögerte. »Kommt darauf an, in welchem Zusammenhang.«

»Na, in Bezug auf dich, du Idiot«, sagte sie so scharf, dass Capaul erschrak. »Entschuldige«, bat sie. »Ich ärgere mich über mich selbst. Ich verknalle mich immer in die unmöglichsten Typen.«

»Unmöglich bin ich auch noch?«

»Ich meine, in die aussichtslosesten. In Rudi war ich natürlich auch verknallt. Damals, als er noch Rennen gefahren ist. Ich glaube, im Engadin war jede einzelne Frau in ihn verliebt. Es gibt hier einfach zu wenig interessante Männer.«

Capaul fiel nichts zu sagen ein, also nickte er. »Weißt du, was ich mich frage?«

»Was?« Aus welchem Grund auch immer errötete sie und setzte sich in Positur.

»Der Leberschaden«, sagte er. »Sie hatten Rainer Pinggera doch am Vortag erst untersucht, nach dem Brand. Wieso hat man ihn da noch nicht bemerkt?«

Bernhild starrte ihn an und nickte mechanisch, dann stemmte sie sich seufzend hoch und trug die Gläser zum Geschirrspüler. »Ich freue mich, dass das Tal einen so tüchtigen Polizisten bekommt«, sagte sie. »Frühstück um sieben wie immer, oder schläfst du aus?«

»Nein, sieben ist wunderbar«, versicherte er, und weil es ihm gerade so einfiel, zitierte er einen Titel aus dem Buchregal seiner Mutter: »Morgens um sieben ist die Welt noch in Ordnung.«

In dieser Nacht träumte er, er sei im Skisprungkader für die Olympiade in St. Moritz, er verlief sich allerdings beim Aufstieg zur Schanze, der aussah wie das Treppenhaus im Personaltrakt des Badrutt's Palace, während das Rennen schon lief. Wenn er es nicht rechtzeitig zum Ausstieg schaffte, um zu starten, würde Rudi gewinnen, und das gönnte er ihm nicht. Andererseits wusste er, dass der Teufel los sein würde, wenn er Rudi den Sieg wegschnappte, auf den das ganze Tal hinfieberte.

Das Vibrieren eines Lastwagens riss ihn aus dem Traum, und fast gleichzeitig klingelte sein Wecker. Er hatte ihn mehr zu Ehren des Tages gestellt, denn er wachte sowieso immer kurz nach sechs auf. Um halb sieben hatte er seine Mutter jeweils gewaschen und umgebettet. Er brauchte einen Augenblick, um sich zurechtzufinden.

Als er in die Wirtsstube kam, beendete Bernhild gerade ein Telefongespräch. »Ja, ich werde es ausrichten. Aber das ist das letzte Mal. Gebt ihm gefälligst ein Diensthandy.« Sie hängte auf und rauschte an Capaul vorbei. »Ich bin nicht dein Telefonfräulein«, stellte sie klar und ließ seinen Kaffee aus der Maschine. »Es war dein Kollege, Linard, sie erwarten dich auf dem Revier doch erst um halb drei.«

»Um halb drei?«, wunderte sich Capaul. »Dann beginnt gar keine Schicht.« Trotzdem war er froh, denn vielleicht ergab sich bis dahin doch noch eine Gelegenheit, seine Kleider zu waschen. Am ersten Tag als Polizist in schmutziger Wäsche erscheinen zu müssen hatte ihn beim Einschlafen wie auch am Morgen, unter der Dusche, beschäftigt, und er hatte eine geschlagene Viertelstunde lang seine Schmutzwäsche nach Reinheitsgraden sortiert, um sich halbwegs würdig anzuziehen.

Nach dem Kaffee und einem Gipfeli, das Bernhild übers Wochenende in einer Plastiktüte weich gehalten hatte, setzte er sich ins Auto und fuhr nach Zuoz, um Duonna Lina ihr Suppengefäß zurückzubringen. Die Kirchturmuhr schlug eben erst acht, als er vor dem Haus stand, und er wagte noch nicht zu klingeln. Stattdessen drückte er den Knopf für den Postboten, angeschrieben mit PTT. Der automatische Summer ertönte, und er konnte die Tür zum Hausflur aufdrücken.

Es roch verlockend nach frischer Wäsche, Capaul konnte nicht widerstehen, dem Duft nachzugehen und sich die Waschküche anzusehen. Vielleicht wusch man hier ja mit Zwanzigrappenstücken, wie seinerzeit im Haus der Großeltern, und er konnte unbemerkt eine Ladung zwischenschieben. Die Wäsche hatte er im Auto. Die Maschine funktionierte dann aber nach einem Waschkartensystem, außerdem lief sie bereits.

Als er wieder umkehrte, war Duonna Lina eben dabei, das Haus zu verlassen. Sie war ganz in Weiß gekleidet, und ihre Schönheit war fast noch berührender als in der dunklen Cafeteria des Spitals.

Capaul ließ ihr einen kleinen Vorsprung, dann schlüpfte er aus dem Haus, schlug einen kleinen Bogen und tat, als käme er vom Dorfplatz her. Sie schien ihn nicht zu erkennen – das heißt, sie beachtete ihn kaum und murmelte nur im Vorübergehen: »Bun di.«

»Bun di, Duonna Lina«, sagte er. »Ich wollte Ihnen gerade das Suppengefäß wiederbringen. Soll ich es in den Flur stellen?«

»Wer sind Sie?«, fragte sie. »Ach ja, Sar Massimo. Die Augen. Sie kommen mir gerade recht, ich will in Cucus Wohnung etwas nach dem Rechten sehen. Es kann nicht sein, dass er beerdigt wird, und bei ihm zu Hause sieht es aus, als wäre er nur schnell fort zum Einkauf. Außerdem muss ich seinen Anzug finden, falls er überhaupt noch einen hat.«

»Für die Aufbahrung?«, fragte er.

»Nein, sein Neffe verzichtet auf eine Aufbahrung, und er entscheidet. Er findet, Cucu sieht zu mitgenommen aus. Er wird auch nicht erdbestattet, sondern kremiert, und zwar schon heute Abend oder morgen ganz früh, das weiß ich nicht genau. Jedenfalls wird er heute noch überführt, und dafür soll er recht gekleidet sein.«

»So schnell geht das alles?«, wunderte sich Capaul. »Ist das überhaupt legal?«

»Genau dasselbe habe ich auch gefragt. Anscheinend muss man nur achtundvierzig Stunden warten, und die sind heute Abend um.«

»Bei alldem wirken Sie bewundernswert gefasst«, stellte Capaul fest.

»Finden Sie? Nun, es ist auch kein Abschied für ewig, Cucu und ich sehen uns bestimmt bald wieder.«

Ganz so entspannt, wie sie wirkte, war sie wohl nicht. Cucus Wohnung sah, als sie sie betraten, bereits blitzblank aus, und als Capaul sich darüber wunderte, gab sie zu: »Ich war gestern schon zweimal hier. Ich halte es nicht aus, zu Hause herumzusitzen. Aber die Vorhänge kann ich allein nicht abnehmen. Tun Sie das für mich?«

Er zog die Schuhe aus, stieg auf einen Stuhl und begann damit. Währenddessen suchte sie nach dem Anzug. »Wollen Sie sogar die Vorhänge waschen?«, fragte er.

»Ja, natürlich.«

»Wozu?«

»Was meinen Sie mit ›wozu‹? Wenn man verreist, hinterlässt man die Wohnung doch auch sauber und geputzt, für den Fall, dass man nicht wiederkehrt, oder etwa nicht? Es ist eine Frage des Respekts.«

»Des Respekts wem gegenüber?«

In einer Mottenhülle fand sie einen Anzug, breitete ihn auf dem Tisch aus und durchsuchte ihn nach Löchern.

»Allen gegenüber«, erklärte sie dabei, »dem Leben. Man fällt den anderen nun mal nicht zur Last. Cucu jedenfalls war das sehr wichtig.«

Der Anzug schien ihren Ansprüchen zu genügen. Während Capaul ins Schlafzimmer ging, um auch dort die Vorhänge abzunehmen, mistete sie Einkaufstüten aus, die in einer alten, schweren Kommode lagen. Die noch fast neuen legte sie wieder hinein, bis auf zwei, die anderen bündelte sie mit einer Schnur, von denen auch ganz viele in einer Schublade lagen, jede in gleicher Länge gewickelt und verknotet.

»Ich war gestern übrigens auch hier«, erzählte er vom Stuhl hinab, »ich habe sogar geklingelt, aber niemand hat aufgemacht. Ich dachte, vielleicht finde ich Annamaria.«

»Ja, die war hier«, bestätigte Duonna Lina. »Was wollten Sie denn von ihr?«

»Ach, ich weiß selbst nicht mehr so genau.« Er stieg hinab und überreichte ihr die Vorhänge. »Ich wollte halt begreifen, was geschehen ist. Wie es kommen konnte, dass Herr Pinggera mit einer Flasche teurem Wein im Öv in painch gefunden wurde. Aber inzwischen weiß ich Bescheid: Rudi und sein Onkel waren auf dem Heimweg von der Padellahütte und bekamen Streit, deshalb ist der Onkel ausgestiegen und wollte zu Fuß gehen.«

»Ja, das sieht Cucu ähnlich«, sagte Duonna Lina nur

und faltete die Vorhänge so exakt, als wollte sie sie nicht waschen, sondern in den Schrank legen.

»Wo waschen Sie die eigentlich, hier oder bei Ihnen?«, erkundigte er sich.

Duonna Lina lachte. »Cucu hat noch im Holzofen gewaschen, das wäre mir zu aufwendig. Nein, die nehme ich mit.«

»Für seine Mieter wird er doch aber wohl eine elektrische Maschine angeschafft haben.«

»Ja, vielleicht. Aber ich kann zu Hause wunderbar waschen, unsere Maschine hat sogar einen integrierten Tumbler. Nicht dass ich den benützen würde, Tumbler ruinieren den Stoff.« Auch die Vorhänge hatte sie mit Faden zu einem Päckchen geschnürt, das sie nun in eine der beiden Einkaufstüten legte – die andere war für den Anzug. »So«, sagte sie, rieb sich die Hände und fragte ganz zusammenhangslos: »Roten oder weißen?«

»Bitte?«

»Wein. Was für Wein soll Cucu getrunken haben?«

»Roten, einen sehr edlen Rioja, nur leider total verschwefelt. Deshalb auch die Kopfschmerzen, plus der Sonnenstich.«

Duonna Lina schüttelte den Kopf. »Cucu trinkt keinen Wein, und roten zuallerletzt. Er hat das, was man früher eine ›creppa da chucal‹ nannte, einen Saukopf, heute heißt es, glaube ich, Histamin-Intoleranz. Wenn er trinkt, läuft er rot an, wie ein gebrühter Saukopf eben.« Und ehe Capaul seine Überraschung formulieren konnte, lachte sie hell auf. »Haben Sie gemerkt? Schon wieder habe ich geredet, als wäre er noch da. Kommen Sie.«

Sie verließen das Haus, Duonna Lina schloss ab und schob den Schlüssel hinter die Geranien beim Eingang, dort hatte sie ihn auch her. Capaul trug ihr die Tüten.

»Was mag wohl mit dem Haus geschehen?«, fragte er, während sie die Foura Chanels hinabgingen.

»Ja, das fragen sich viele«, sagte sie. »Ich habe gehört, die Mieter kommen sogar früher aus Amerika zurück, aus Angst, Rudi könnte sie hinter ihrem Rücken ausquartieren. Luzia hat das erzählt. Offenbar hatte Cucu gar keinen richtigen Vertrag mit ihnen.«

»Ist denn klar, dass Rudi das Haus bekommt? Muss man nicht die Testamentseröffnung abwarten?«

»Ich weiß, dass er es bekommt, von Cucu. Irgendwann hatte er die Phantasie, er könnte es mir vererben. Aber ich habe gesagt: ›Cucu, mal abgesehen davon, was die Leute reden werden, habe ich dann auch deshalb keine ruhige Minute mehr, weil Rudi mich mit seinen Anwälten verfolgen wird, und zu Recht. Er hat immer zu dir gehalten, außerdem ist er der letzte Pinggera. Und überhaupt, was soll ich mit dem Haus, ich bin froh, dass ich meines los bin. Nein, nein, überhaupt keine Diskussion, dass Rudi das Haus erbt.‹ – ›Ja, aber was vermache ich dann dir?‹, hat er gefragt.« Inzwischen waren sie bei Duonna Linas Haus angelangt. Sie unterbrach sich und nestelte lange am Schlüsselbund, bis sie den richtigen Schlüssel gefunden hatte und aufschloss. Capaul juckte es in den Fingern, ihr den Postknopf zu zeigen, aber er wollte auch nicht das Gespräch unterbrechen.

»Ja, und?«, fragte er endlich gebannt. »Was hat er Ihnen vermacht?«

»Ach, ich hatte gehofft, Sie hätten gar nicht zugehört«, gestand sie. »Im Grunde mag ich darüber gar nicht reden. Ein andermal vielleicht. Wo haben Sie denn nun das Suppengefäß?«

Capaul schlug sich an die Stirn. »In Cucus Haus vergessen.«

»Sie sind wohl auch so ein Träumer«, sagte sie. »Aber Sie wissen ja, wo der Schlüssel liegt. Und hier schiebe ich dieses Hölzchen unter, sehen Sie? So bleibt die Tür offen, und Sie können später in die Waschküche kommen und mir helfen, die Vorhänge zum Trocknen aufzuhängen. Aber frühestens in anderthalb Stunden, so lange dauert der Schongang.«

Capaul versprach es, dann kehrte er zurück zu Rainer Pinggeras Haus. Er rannte fast.

XII

Als Erstes durchforstete Capaul Pinggeras Wohnung nach Wein oder anderen Indizien, die Duonna Linas Behauptung erhärten oder widerlegen konnten. Tatsächlich fand er keinerlei Hinweis darauf, dass Cucu Weintrinker gewesen war, keine Flaschen, keine Weingläser, nicht einmal einen Korkenzieher. Nur drei Flaschen Klarer standen im Stubenmöbel, und im Regal mit den Gläsern entdeckte er, allerdings weit hinten, zwei Biertulpen. Die Schnapsgläschen immerhin standen ganz vorn.

Seine Ahnung darüber, was geschehen sein mochte, war noch ganz diffus. Er untersuchte die Toilette. Das Brett war weiterhin lose, doch sah er, dass nichts morsch war, sondern es fehlte eine der Leisten, die das Brett von unten her stützten. Er sah hoch und stellte fest, dass in der Lampenfassung nach wie vor die Glühbirne fehlte. Eine lag auf dem Mauervorsprung, der die Toilette zur Straße hin begrenzte, Capaul stieg auf den Toilettenrahmen, wobei er achtgab, die Füße ganz außen, direkt über die Leisten, zu setzen, und wollte die Birne eindrehen. Dabei erlitt er einen leichten Stromschlag, denn die Isolation der Kabelenden war unüblich weit entfernt und die Lampe offensichtlich eingeschaltet. Vor Schreck hätte er um ein Haar die Balance verloren und wäre durch die offene Klotür hinaus auf den Balkon gestürzt.

Die Glühbirne war bei jenem Zwischenfall heruntergefallen und zerbrochen. Capaul holte in der Küche Kehrschaufel und Besen, dabei sah er, dass Duonna Lina auch den Kehrichtsack gewechselt hatte. In einen leeren Sack wollte er die Scherben nicht werfen, lieber ließ er sie ins Plumpsklo fallen. Als er nachstellte, wie er gestürzt wäre, hätte er sich nicht aufgefangen, bemerkte er, dass auch das Balkongeländer eine lose Stelle hatte. Sie war entstanden, weil von der Regenrinne ein Draht zum Geländer gespannt und in einen Spalt zwischen Handlauf und Pfeiler gezwängt war. Die Regenrinne hatte an jener Stelle ein kleines Loch, durch das offenbar bei jedem Regen oder Tauwetter etwas Wasser auf den Draht tropfte, an ihm entlangfloss und das Holz nässte, sodass es ganz faul und eigentlich schon durchgebrochen war, das Geländer hielt nur noch durch die dünnen Streben. So gesehen, war es ein Glück, dass die Lampe versagt hatte und Cucu gezwungen gewesen war, die Toilette seiner Mieter zu benützen. Capaul ließ deshalb auch seinen kurzzeitigen Plan fallen, eine neue Glühbirne zu besorgen.

Dazu kam, dass Duonna Lina ihn schon bald erwartete, und er wollte dringend noch Cucus Waschsituation erforschen. Das Bad für die Mieter, das Rudi erwähnt hatte, als sie gemeinsam hier gewesen waren, lag im Flur und war frei begehbar, doch eine Waschmaschine fand er leider nicht. Linste er durch die Vorhänge der verglasten Eingangstür, erahnte er eine in der Küche, deren Tür halb offen stand, doch das konnte ebenso gut ein Geschirrspüler sein, dagegen sprach nur die Wahrscheinlichkeit: Eine Wohnung ohne Waschmaschine war kaum denkbar, ein Geschirrspüler dagegen ein Luxusgegenstand.

Im Flur stand neben einem überfüllten Schuhregal ein Flaschenträger, gefüllt mit Wein. Doch die Staubschicht, die das Holz ebenso wie alle sechs Flaschen überzog, sprach nochmals dafür, dass Cucu sich aus Wein nichts machte.

Inzwischen beschäftigte Capaul vor allem seine eigene Wäsche. Er dachte nicht ernsthaft daran, Cucus altmodischen Wäscheofen zu benützen, aber ihn sich mal ansehen wollte er schon, und so kehrte er in Cucus Küche zurück, öffnete den schweren Holzdeckel und bewunderte den eingelassenen, glänzend polierten Kupferkessel. Holz hätte parat gelegen, und auf vierzig Grad wäre das Wasser schnell erhitzt. Fast noch mehr als der Waschofen reizte ihn die schöne alte, mit Wasserdruck betriebene Wäscheschleuder. Nur fürs Trocknen der Wäsche fand er keine Lösung, es musste schnell gehen, und Cucus Haus war ungeheizt, er schätzte die Temperatur auf zehn Grad. Es sei denn, er hängte sie in den Heustall, dort herrschte immerhin Durchzug, und eine Unterhose und zwei Paar Socken konnte er auf dem Autodach in der Sonne trocknen.

Immer noch aus Neugierde untersuchte er das Feuerloch, er hatte noch nie einen solchen Ofen beheizt. Er wusste, dass der Kamin geöffnet sein musste, Feuer braucht Zugluft. Die Klappe am Ofenrohr, das ebenso den Wäscheofen wie den kantigen roten Kochofen mit dem gemauerten Kaminschacht verband, stand parallel zum Rohr, das sah schon mal gut aus. Doch womöglich gab es im Ofen eine zweite Klappe, um die Wärme zu speichern, er glaubte sich an so was zu erinnern: Gewisse Öfen beheizte man tüchtig, und wenn richtig viel Glut da war, schloss man quasi die Hitze ein. Schließlich kam er auf eine Idee: Streichhölzer lagen viele herum, er entflammte eines und hielt es ins Feuerloch. Herrschte Zug, musste die Flamme ins Ofeninnere gesogen werden. Das geschah nicht, sie verkümmerte schnell und erlosch.

Capaul kniete nieder, um in den Feuerraum zu sehen, und entdeckte allerhand Müll, der ihn womöglich verstopfte, aufgerissene Briefumschläge, zerknüllte Papiertaschentücher. Offenbar hatte jemand versucht, Feuer zu machen, das Papier zeigte Brandspuren, doch vielleicht war das Brandgut zu dicht gestopft gewesen, jedenfalls war das Feuer wieder erloschen. Capaul räumte den Ofen aus und fand ganz zuhinterst eine kleine Plastiktüte mit aufgedruckter Medikamentenwerbung. Darin lag eine zerknüllte Schachtel für Dafalgan-Brausetabletten 1 Gramm und das zugehörige Blechröhrchen. Es war bis auf eine Tablette leer. Immerhin, dachte er erst nur, denn zwar waren die stechenden Kopfschmerzen noch nicht wieder da, aber seit dem Aufwachen fühlte er einen Druck hinter den Schläfen und hatte die Befürchtung, mit zunehmender Müdigkeit kehrten sie wieder zurück.

Im Tütchen lag aber auch noch die Quittung einer Apotheke in St. Moritz mit Datum von vorgestern. Das war der Tag, an dem Cucu im Öv in painch zusammengebrochen war und Annamaria an seinem Krankenbett gesagt hatte: »Rudi fährt gerade in die Apotheke und holt Medizin.« In einer Packung Dafalgan waren zwanzig Brausetabletten, und weil Capaul noch die Warnung des Nachtportiers im Ohr klingelte, friemelte er den Beipackzettel aus der Schachtel: *Maximale Tagesdosis 4 Tabletten*, stand da. *Eine Überdosis kann eine sehr schwere Leberschädigung zur Folge haben.*

Capaul fröstelte vor Schreck. Er sprang auf und wollte zu Dr. Hauser, um ihn mit dem Fund zu konfrontieren. Gleich darauf fiel ihm ein, dass Hauser als Erstes seinen Dienstausweis würde sehen wollen, er musste den Besuch auf den Nachmittag verschieben, wenn er offiziell den Dienst angetreten hatte. Auch Rudi hätte er am liebsten sofort die Tür eingerannt, und unbedingt wollte er auch Annamaria ausquetschen. Der Schreck hatte sich in eine sonderbare Euphorie gewandelt. Er begriff zwar noch nicht, was wirklich passiert war, doch immerhin wusste er jetzt, dass sein Gefühl ihn nicht getrogen hatte, etwas war faul, und Cucu hatte sich entweder selbst umgebracht, was angesichts seines Zustands an jenem Tag eher unwahrscheinlich schien, oder jemand hatte ihn getötet.

Er kehrte zu Duonna Lina zurück, mit dem Vorsatz, sich nichts anmerken zu lassen. Und er sah sie dann auch gar nicht, denn bei einem Blick in die Waschküche stellte er fest, dass nach wie vor die andere Maschine lief, und so klingelte er nur rasch bei Luzia und sagte: »Ich sollte Duonna Lina beim Wäscheaufhängen helfen, aber ich kann nicht warten. Würdest du dich darum kümmern?«

»Ja, natürlich.« Sie strahlte ihn an. »Das war ein schöner Tag gestern.«

Er nickte und machte kehrt, um hoch zum Öv in painch zu fahren, das schien ihm inzwischen die sinnvollste Art, die Zeit bis zu seinem Dienstantritt zu verbringen.

Die Zubringerstraße war weiterhin von der Barriere blockiert, aber er wusste ja nun, wie sie zu knacken war, und hatte es auch schnell geschafft.

Während der Fahrt sang er lauthals *Stormy Weather*, seine Mutter hatte die Aufnahme mit Ella Fitzgerald in ihren letzten Jahren fast ununterbrochen angehört. *Life is bare, gloom and misery everywhere.* Capaul fühlte sich wie ein Goldgräber, der auf eine Ader gestoßen ist, sein Glücksgefühl war so groß, dass er an Stellen Gas gab, die ihn an anderen Tagen zum Umkehren bewegt hätten – und das, obwohl er inzwischen selbst über seine Allwetterreifen lachte.

Er parkte erst, als der Weg sich an einer schattigen Stelle vollständig unter einer dicken Eisschicht verlor, stellte den Chrysler auf einen Ausweichplatz der Wegmacher, legte

Steine unter die Räder und ging die letzten paar hundert Meter zu Fuß.

Das Wetter war herrlich, es duftete nach frisch geschlagenem Holz und Moder, über der Teufelskralle des Piz Palü thronte eine einzelne zarte Wolke in Form eines Krönchens, die ihn regelrecht entzückte, ohne dass er sich erklären konnte, warum, und überhaupt beglückwünschte er sich zu seinem neuen Leben.

Sehr schnell fand er auch, worauf er gehofft hatte: eine Abzweigung von der Straße in den Öv in painch hinab, die flach genug für einen Mercedes war, gleichzeitig zu steil, als dass ein gebrechlicher Alter allein den Rückweg geschafft hätte. Er erkannte gar Reifenspuren und markierte sie für die Forensiker vorausschauend mit Steinmännchen.

Nachdem er die ungefähre Stelle wiedergefunden hatte, an welcher der Alte gelagert hatte, erklomm er einen Felsklotz und hielt Umschau. Die Hitze war hier im Geröll hochsommerlich, und ganz kurz ärgerte ihn, dass er nicht schnell noch unten im Tal, etwa an einem Brunnen, eine Unterhose und ein Paar Socken gewaschen hatte, denn hier wären sie im Nu getrocknet. Dann genoss er wieder die würzige Luft und die Tatsache, dass er in der Kulisse eines kaltblütig ausgeführten Geschehens saß: Dort droben war Rudi mit dem Mercedes von der Straße abgezweigt, da an der Kante hatte er seinen Onkel ausgeladen und ihm die Flasche Rioja Santa Angela in die Hand gedrückt, danach war er im Rückwärtsgang wieder hoch zur Straße gefahren – schwungvoll natürlich, einer wie Rudi fuhr zweifellos glänzend, und Cucu sollte ihm ja nicht nacheilen können. Dessen Stolz hatte ihn wohl auch daran gehindert, Rudi hinterherzurennen, und danach, halb blind, wie er war, hatte er den Weg zurück zur Straße nicht gefunden, das heißt, der direkte war ihm zu steil gewesen, und im Versuch, einen gemäßigten Aufstieg zu finden, hatte er sich hoffnungslos verirrt. Vielleicht hatte er sich auch eingeredet, querfeldein komme er am ehesten wieder unter Leute, und war zwischen den Felsblöcken gestrandet. Dort, wo sie später die Weinflasche gefunden hatten, kam man ohne permanente Kletterei nicht weiter. Die Hitze, die sich im Öv in painch tatsächlich wie gebündelt anfühlte, hatte Cucu ausgetrocknet, notgedrungen kippte er den Wein, das Histamin schoss ein – oder wie immer es sich im Körper breitmachen mag –, und nachdem Annamaria ihn gefunden und gemeinsam mit Rudi heimgeschafft hatte, gab ihm jemand, Rudi am ehesten, mit einer Überdosis Dafalgan den Rest. All das wirkte völlig schlüssig, nur das Motiv blieb unklar. Aber dass Rudi nicht liquide war, hatte er selbst zugegeben, und gut möglich, dass Cucu solventer gewesen war, als Rudi ihn dargestellt hatte.

Inzwischen schlug eine Kirchenglocke im Tal eins. Capaul kletterte von seinem Hochsitz, holte kurzentschlossen eine Unterhose und Socken aus dem Wagen und wusch sie in einem Schmelzwassertümpel. Die Motorhaube des Chrysler war von der Sonne so sehr aufgeheizt, dass es dampfte, als Capaul die nasse Wäsche ausbreitete, und als er sich kurz nach zwei Uhr umzog, war sie so gut wie trocken. Das Wölkchen schwebte noch immer über dem Piz Palü, und Capaul begriff plötzlich, dass es nicht einer Krone glich, sondern einer Lotusblume, Sinnbild für Vollkommenheit und höchstes Glück. Es erinnerte ihn an ein Sargmodell, »Nirwana«, das eine geschnitzte Lotusblüte im Deckel trug.

Strotzend von guter Laune brauste Capaul zurück ins Tal, parkte bei Bernhild, überquerte im Laufschritt das Hügelchen, hinter dem die Altstadt lag, und erreichte fast pünktlich das Polizeigebäude, das im Schatten eines schönen, stämmigen Kirchturms mit offenem Geläut lag.

Beschwingt betrat er den Posten, er hatte sich einige markige Sätze zurechtgelegt, mit denen er den Fall ausbreiten wollte. Doch kaum schritt er durch die Tür, sagte Linard, der hinter dem Tresen saß: »Zu spät bist du auch noch? Das Grinsen würde ich mir ganz schnell abschminken, wenn ich du wäre. Gisler erwartet dich, letzte Tür links.«

»Wer ist Gisler?«, fragte Capaul.

Polizeioffizier Gisler leitete die Posten im Oberengadin, Bergell und Münstertal strategisch. Er war ein gemütlich wirkender Mensch mit Schnauzbart, buschigen Koteletten und Innerschweizer Dialekt, der nachdenklich am Fenster stand, als Capaul eintrat. »Geht's?«, fragte er, nachdem er Capaul gemustert hatte, gab ihm die Hand und bot ihm einen Stuhl an.

»Ja, blendend«, sagte Capaul.

»Ich meine, wegen dem Sonnenbrand.«

Capaul fasste sich ans Gesicht. »Ich habe gar nichts bemerkt. Aber ich habe Neuigkeiten.«

Gisler überhörte den letzten Satz. »Vor allem die Nase«, sagte er. »Und die Stirn. In der Sonne verpennt, was?«

Capaul wollte sich erklären, er kam aber nicht zu Wort.

»Hören Sie, Capaul«, unterbrach ihn Gisler sofort, »dieses Gespräch sollte nicht stattfinden müssen. Ich sollte nicht hier sein müssen. Wir hatten Ihretwegen eine Notsitzung. Auf alle Fälle sind Sie bis auf Weiteres vom Dienst suspendiert. Welche Maßnahmen noch fällig werden, hängt von der nächsten halben Stunde ab.« Gleichzeitig griff er zum Telefon und bat Linard zu protokollieren.

Capaul toste das Blut in den Ohren. Er fühlte jetzt auch, wie seine Haut spannte, und hätte viel darum gegeben, sich einzucremen. »Ich kann gar nicht begreifen …«, sagte er, als Gisler auflegte, und wollte weitersprechen, doch Gisler brachte ihn mit einer kleinen Geste zum Schweigen.

»Warten wir auf den Protokollführer.«

Um sich zu beschäftigen, zückte Capaul sein Büchlein und blätterte es durch, vielleicht stieß er auf etwas, das ihm in dieser unerwarteten Lage half. Allerdings wusste er nicht, wonach er suchen sollte. Erst als Linard sich installiert hatte und Gisler fragte: »Ist es richtig, Capaul, dass Sie sich drei Tage lang als diensthabender Polizist ausgegeben haben?«, begriff er.

»Na ja«, sagte er und versuchte zu lächeln, dann fiel ihm aber Linards Bemerkung bei der Tür ein, und er wurde wieder ernst. Er hoffte, Linard könnte ihm helfen, und sah zu ihm, doch Linard hörte nicht auf zu tippen.

»Ich wollte aushelfen«, sagte er endlich.

»Ich weiß, es wurde Schabernack mit Ihnen getrieben«, sagte Gisler. »So ist es leider üblich. Die anderen Beteiligten haben wir bereits gerügt. Aber das ist ja leider erst der Auftakt. Ist es auch richtig, dass Sie mehrmals die Straßenverkehrsordnung missachtet haben? Ist es richtig, dass Sie mutmaßlich Beweismittel unterschlagen haben? Dass Sie ohne jede Legitimation der Behörden mindestens eine Privatperson um Unterstützung gebeten haben, wohlgemerkt unter der Maßgabe, Sie seien Polizist im Dienst? Ist es richtig, dass Sie jene Person angestiftet haben, ebenfalls die Straßenverkehrsordnung zu missachten, indem Sie sie aufgefordert haben, eine Schranke aufzubrechen? Ist es weiter richtig, dass Sie ...« Gisler war dabei, sich in Fahrt zu reden.

»Moment«, bat Capaul, »das Beweismittel: Meinen Sie die Flasche oder das Dafalgan?«

Gisler stutzte. »Welches Dafalgan?«

Capaul fühlte Oberwasser. »Ja, es war nämlich gar kein Leberversagen, oder besser, Rainer Pinggera war kein Alkoholiker. Dafür habe ich in seinem Haus ein fast leeres Röhrchen Dafalgan 1 Gramm gefunden, inklusive Quittung. Rudi Pinggera hat es genau an dem Tag gekauft, an dem sein Onkel gestorben ist …«

Gisler unterbrach ihn. »Wann waren Sie in Rainer Pinggeras Haus?«

»Heute früh, Duonna Lina hat mich mitgenommen.«

»Wer ist Duonna Lina?«, fragte Gisler.

Linard schaltete sich ein. »Eine Bekannte des Toten.«

Gisler hakte nach: »Also nicht eine Bewohnerin oder die Mitbesitzerin des Hauses?«

Capaul beeilte sich zu sagen: »Nein, aber sie hat für ihn geputzt, und wenn es nach dem Alten gegangen wäre, hätte sie das Haus auch geerbt. Duonna Lina und Cucu, das war wie …«

Gisler fuhr ihm ins Wort. »In ihrem Beisein haben Sie also das Haus durchsucht?«

Capaul zögerte. »Nein, später«, gab er zu. »Sie hat mir gezeigt, wo der Schlüssel liegt. Aber worum es geht, Herr Gisler, ist, dass Rainer Pinggera ganz offensichtlich ermordet worden ist.«

»Herr Offizier«, korrigierte Gisler. »Den Mord, verstehe ich das recht, schließen Sie aus einem Röhrchen Dafalgan, das Sie unter gesetzeswidrigen Umständen entdeckt haben und das jetzt wo ist?«

»Ich habe es dabei, Herr Offizier«, sagte Capaul und stellte das Röhrchen auf den Tisch.

Gisler starrte ihn an. »Sie tragen das so bei sich?«

»Die Spurensicherung findet darauf sowieso Rudis Fingerabdrücke, und der macht kein Geheimnis daraus, dass er das Dafalgan gekauft hat.«

Gisler kratzte sich am Kopf und sagte eine Weile gar nichts. Endlich fragte er: »Wie haben Sie es überhaupt zum Polizisten geschafft?«

Capaul hob zu sprechen an, doch wieder wischte Gisler

seine Antwort mit einer Geste weg. »Die Frage war rhetorisch. Sagen Sie mir lieber, von welchen Verfehlungen ich noch Kenntnis haben sollte.«

Capaul dachte vergeblich nach. »Ich weiß nicht.«

Linard meldete sich mit erhobenem Finger zu Wort. Als Gisler nickte, fragte er Capaul: »Gab es mit Peter einen Handel? Hast du ihm etwas versprochen, im Gegenzug für seine Gefälligkeiten? Oder sonst jemandem?«

»Nur dass ich seine Freundin in Ruhe lasse. Er hatte Angst, ich könnte sie ihm ausspannen«, sagte Capaul. Und nach einigem Zögern: »Mosse habe ich einen Alkohol-Selbsttest versprochen dafür, dass er eine Umfrage startet, die war aber wichtig. Es ging darum, wer gesehen hat, wie oder mit wem der Alte von der Padellahütte verschwunden ist. Mosse wollte den Test dann aber gar nicht haben.«

»Sondern?«

»Nichts, er meinte, er meldet sich dann schon, wenn er etwas braucht. Aber verspochen habe ich ihm nichts.«

Linard tippte kurz, dann fragte er: »War da nicht noch etwas mit einem Skiausflug?«

Capaul musste einen Augenblick nachdenken. »Ach, meinst du Rudi? Woher weißt du das? Ja, er will mich auf eine Gletschertour mitnehmen. Aber auch ihm habe ich nichts versprochen. Ich glaube, er würde auch nichts wollen, er war nur nett.«

Gisler vergewisserte sich: »Sie haben abgelehnt?«

»Ich muss gestehen, ich fände das interessant. Ich war noch nie auf einem Gletscher, und dazu mit dem Hubschrauber.«

»Der Neffe eines – verstehe ich Sie recht? – mutmaßlichen Mordopfers lädt Sie zu einem Ausflug ein, und Sie sehen nicht ein, warum Sie die Einladung ausschlagen sollten?«, fragte Gisler fassungslos. »Die Einladung des

Mannes, der das Medikament besorgt haben soll, mit dem das Opfer – verstehe ich Sie recht? – getötet wurde?«

»Da war Cucu doch noch gar nicht tot«, rief Capaul. »Damals ging es erst um den Scheunenbrand.«

Gisler dachte nach. »Schön, aber dann starb Rainer Pinggera, und wenn ich recht informiert bin, haben Sie danach seinen Neffen nicht nur wiedergesehen, Sie haben ihm regelrecht nachgestellt. Sie sind wiederum in private Räume eingedrungen …«

»Wieso? Er hat mich hereingebeten.«

»In den Putzraum des Hotels? In die Angestelltengarderobe?«

»Nein, dorthin nicht«, gab Capaul zu.

»Zurück zu meiner Frage«, sagte Gisler. »Haben Sie bei jener Gelegenheit von der Einladung Abstand genommen?«

»Nein, aber da hatte ich auch noch keine Ahnung, dass er der Mörder ist!«

Daraufhin war es kurz still. Dann vergewisserte sich Gisler: »Sie unterstellen Rudi Pinggera, dass er seinen Onkel vorsätzlich getötet hat?«

»Ich unterstelle es nicht nur«, erklärte Capaul eifrig, während Linard zu tippen begann, »ich kann es beweisen. Oder jedenfalls passt alles wunderbar zusammen. Das Leberversagen, das Dafalgan! Darf ich jetzt endlich darüber reden?«

»Nein«, sagte Gisler. »Sie gehen jetzt in die Apotheke und lassen sich etwas gegen Sonnenbrand geben. Dann setzen Sie sich zu Hause hin und legen die Hände in den Schoß, bis ich entschieden habe, was mit Ihnen geschieht. Capaul, Sie haben es innert drei Tagen geschafft, sich im Tal unmöglich zu machen. Sie beschuldigen einen unbescholtenen und dazu überaus populären Einheimischen, gemordet zu haben. Sie stiften weitere unbescholtene Einheimische an, das Gesetz zu übertreten. Sie selbst verstoßen derweilen munter gegen alles, was recht ist, und das auch noch – abermals widerrechtlich – im Namen der Polizei.«

»Ja, aber die Beweise für den Mord ... oder jedenfalls Indizien ...«, wand sich Capaul.

»Sind nichts wert«, schnitt Gisler ihm das Wort ab. »Selbst wenn dieser Mord passiert wäre. Ihr Vorgehen hätte sie alle entwertet, was übrigens wohl das schlimmste Vergehen von allen ist. Capaul, danken Sie Gott, dass Rainer Pinggera klar und eindeutig eines natürlichen Todes gestorben ist, und geben Sie Ruhe.«

»Ja, das sagt Dr. Hauser«, rief Capaul, »aber der weiß ja noch überhaupt nichts vom Dafalgan! Neunzehn Gramm, bei vier Gramm Höchstdosis!«

»Ich bin sicher, dass Dr. Hauser Dafalgan und seine Wirkungsweise kennt, und zwar besser als Sie.«

Danach wurde geschwiegen. Linard tippte noch ein Weilchen, dann war auch er still. Gisler hatte kopfschüttelnd vor sich hin gestarrt, endlich schob er den Stuhl zurück, erhob sich mit einem »Also«, das vielleicht auch nur ein Ächzen war, und trat wieder ans Fenster.

»Kann man wenigstens verhindern, dass Rainer Pinggera schon kremiert wird?«, erkundigte Capaul sich leise. »Nur für den Fall, dass irgendwann Zweifel aufkommen ...«

Gisler drehte sich nicht um. Immerhin fragte er: »Wann soll es denn so weit sein?«

»Duonna Lina sagt, heute Abend oder vielleicht auch morgen früh, jedenfalls zum frühesten erlaubten Zeitpunkt, das wäre achtundvierzig Stunden nach dem Tod.«

Gisler nickte. »Umso besser. Ich hoffe, wenn er erst kremiert ist, legen Sie Ihre bizarre Emsigkeit ab, Capaul. Wir haben Sie gerufen, um den Verkehr zu kontrollieren, um Streitigkeiten zu klären und Brände und Diebstähle zu rapportieren. Normalerweise stellen wir Leute aus der

Region ein, bei Ihnen wollten wir eine Ausnahme machen, das war ganz offensichtlich ein Fehler. Hören Sie, Capaul, Sie müssen dem Engadin nicht das Heil bringen, uns geht es hier schon sehr gut.«

Damit verließ er das Büro, Linard klappte den Laptop zu und folgte ihm. In der Tür sagte er noch: »Ich drucke das jetzt aus, dann unterschreibst du. Und, Capaul, wenn du das nächste Mal Vögel beobachten gehst, nicht mit Luzia.«

»Warte«, bat Capaul. »Bist du nicht selbst mit Rudi Ski fahren gegangen?«

»Doch, aber ich ermittle auch nicht gegen ihn. Respektive tue so, als würde ich.«

XIII

Capaul ging, wie Gisler ihn geheißen hatte, in den Wassermann, allerdings nur um die Wäsche zu wechseln. Die, die er trug, war doch weniger trocken, als es zuerst den Anschein gemacht hatte, und er fürchtete, dass man an seiner Hose einen feuchten Abdruck sah. Danach fuhr er sofort zum Spital.

Inzwischen war es kurz nach vier. Am Empfang arbeitete diesmal eine junge, wohl noch unerfahrene Frau, die sehr lange brauchte, um die Leute abzufertigen.

Als Capaul an die Reihe kam, bat er nur: »Geben Sie mir noch mal eben Dr. Hausers Zimmernummer? Ich habe sie vergessen.«

»Erwartet er Sie?«

»Ja, zweifellos.«

»Es ist die 342, aber ich muss Sie anmelden«, sagte sie und griff nach dem Hörer. »Wie ist Ihr Name?«

Die Frage überhörte er. »342, natürlich, ich habe ein so furchtbar schlechtes Zahlengedächtnis«, murmelte er, eilte zum Aufzug und fuhr in den dritten Stock. Als er ausstieg, stand ihm Rudi Pinggera gegenüber. Der eine war dem anderen im Weg.

»Sieh an, schon wieder Sie«, sagte Rudi und lächelte gelöst. »Ein Groupie wie Sie hatte ich noch nie. Geht es Ihnen gut?«

Capaul versuchte fieberhaft, seine Gedanken zu sortieren. »Mir geht es blendend«, sagte er, »wie geht es Ihnen?«

»Ja, auch. Na ja, die Trauer ist mein ständiger Begleiter«, sagte er ernsthaft, dann lächelte er wieder. »Mein zweiter, neben Ihnen. Es tut mir übrigens leid, dass Ihnen der Tod meines Onkels solche Scherereien macht, ich hätte Ihnen einen leichteren Einstand ins Berufsleben gegönnt. Allerdings hatte ich Ihnen den Weg gewiesen, Capaul, Sie hätten ruhig auf mich hören können. Demut. Demut ist das A und O. Versprechen Sie mir, in Zukunft kleinere Brötchen zu backen? Denn noch kann alles gut werden.«

»Ich nehme an, Sie kommen von Dr. Hauser?«, erwiderte Capaul. »Was wollten Sie von ihm?«

»Nicht dass Sie das etwas anginge, aber ich habe mich bedankt. Er hat viel für meinen Onkel getan. Und für uns Hinterbliebene. Auch in der Trauer sollte man die nicht vergessen, deren täglich Brot es ist, um das Leben von Menschen zu ringen – und immer wieder zu verlieren.« Abermals zeigte er dieses fast selige Lächeln, dann fragte er mit leisem Spott: »Darf ich jetzt gehen? Und für unsere Skitour cremen Sie sich bitte gut ein.«

Er wollte an Capaul vorbei zum Lift, doch der rührte sich nicht. »Warum so eilig?«, fragte er. »Ich rede von der Bestattung Ihres Onkels. Ich habe gehört, er soll heute noch kremiert werden, oder spätestens morgen früh.«

»Ja, warum nicht? Ich habe nicht gern Pendenzen. Tot und begraben, so heißt es doch. Tot ist er nun, so wollen wir ihn auch begraben. Spricht etwas dagegen?«

»Allerdings.«

»Was?«, fragte Rudi interessiert.

Capaul hielt sich bedeckt. »Das sage ich Ihnen, nachdem ich bei Hauser war.«

»Schön, dann gehen Sie mal.« Gut gelaunt gab Rudi den Weg frei. »Ich kümmere mich inzwischen um Annamaria, die nimmt das Ganze furchtbar mit.«

Capaul musste zweimal klopfen, bis aus Zimmer 342 ein knappes Ja zu hören war.

»Sie? Das hätte ich mir denken können«, sagte Hauser, als Capaul eintrat. »Hören Sie, ich bin knapp dran, um halb fünf ist Privatvisite. Und Privatpatienten lässt man nicht warten.«

»Ich brauche nicht lange«, versicherte Capaul. »Ich sage nur: Dafalgan.«

Hauser schien auf mehr zu warten. Als nichts kam, lachte er. »War es das schon? Dann wünsche ich noch einen schönen Tag.«

»Sie kennen die Nebenwirkungen. Maximal vier Gramm pro Tag, sonst versagt die Leber. Rainer Pinggera gab man neunzehn Gramm. Das ist das Fünffache. Er war kein Alkoholiker, Herr Hauser, im Gegenteil. Er hatte eine ... Wie heißt es schon wieder?« Er kramte das Büchlein hervor und blätterte fieberhaft.

Hauser leistete Schützenhilfe. »Sucht? Phobie? Anorexie?«

»Machen Sie sich nur über mich lustig. Hier: Histamin-Intoleranz. In seinem Haus findet sich kein Tropfen Wein.«

Hauser blieb gelassen. »Ist das so? Dann sollte Sie das eher skeptisch stimmen. Wer wirklich souverän mit Alkohol umgeht, hat meist immer die eine oder andere Flasche herumstehen. Ich weiß nicht, wie es Ihnen geht, aber ich kriege jede Woche ein, zwei geschenkt. So, jetzt muss ich aber.« Er schob einige Papiere zusammen und stand auf.

Capaul stellte sich vor die Tür. »Nein, so lasse ich Sie hier nicht weg. Ich habe das Dafalgan gefunden, eine Zwanzigerschachtel, gekauft am Tag von Pinggeras Tod, leer bis auf eine einzige Tablette. Die haben ihn erst halb verdursten lassen und dann mit einem Dafalgan-Konzentrat vollgepumpt. Neunzehn Gramm auf leeren Magen, Herr

Hauser, was richtet das bei einem dehydrierten Greis an? Seien Sie ehrlich.«

Hauser antwortete eine ganze Weile nicht. »Ich kann nur ahnen, worauf Sie hinauswollen«, sagte er endlich, »doch passen Sie auf, was Sie sagen.«

»Neunzehn Gramm auf leeren Magen«, wiederholte Capaul. »Ergäbe das ein Leberversagen, wie Rainer Pinggera es hatte?«

Hauser zögerte abermals, dann sagte er vage: »Bei einer Spontanvergiftung dauert es in der Regel zwei bis drei Tage, bis die Leber versagt.«

»Und wenn man die Histamin-Intoleranz, den Sonnenstich, den massiven Flüssigkeitsverlust dazurechnet?«

Hauser nickte kaum wahrnehmbar. Für einen Moment schien er sich reflexartig an Capaul vorbeidrängen zu wollen, dann besann er sich, setzte sich auf die Schreibtischkante und sah Capaul gerade ins Gesicht. »Eine Überdosis Paracetamol – das ist der Wirkstoff im Dafalgan –, eine Überdosis Paracetamol ist eines der häufigsten Mittel, die Senioren anwenden, um freiwillig aus dem Leben zu treten. Wer zu Hause stirbt und nicht als Folge eines Unfalls, gilt prinzipiell als unverdächtig, wir müssen solche Fälle nicht melden. Sehen Sie, Herr Capaul, niemandem ist damit gedient, wenn Selbstmord auf dem Totenschein steht. Die Polizei müsste Befragungen durchführen, die die Angehörigen unnötig aufwühlen, es gäbe Probleme mit der Versicherung, die Beerdigung würde verzögert, und nicht zuletzt bliebe über allem ein Schatten, der nicht getilgt werden kann. Wozu? Wenn Rainer Pinggera die Lust am Leben verloren hatte, sollten wir das still respektieren. Der Brand reichte nicht aus, um seinem Leben ein Ende zu setzen, also versuchte er es mit Dafalgan, und diesmal klappte es.«

»Nein«, rief Capaul, »Blödsinn, blanker Blödsinn! Der Brand im Stall hat damit nichts zu tun, so bringt man sich doch nicht um! Und am Samstag nach den Stunden im Öv in painch war er gar nicht in der Lage, sich zu vergiften. Sie haben ihn nicht gesehen, er lag da und hat gezittert wie Espenlaub, er konnte nicht reden und schon gar nicht aufstehen. Außerdem weiß ich, dass sein Neffe Rudi das Dafalgan gekauft hat, seine Freundin hat es mir gesagt, und sogar der Kassenzettel lag noch bei.«

Hauser seufzte, griff kurz zum Handy, tippte eine Nummer an und sagte: »Fangt schon mal an.« Dann erklärte er so geduldig, als spräche er zu einem Kind: »Herr Capaul, es ehrt Sie, dass Sie so engagiert für das kämpfen, was Sie als Recht erachten – und dies, obwohl Sie Ihres bescheidenen Postens, wie ich hören musste, bereits enthoben sind.«

»Nicht enthoben, suspendiert.«

»Meinetwegen. Aber, Herr Capaul, die Lawine, die Sie da lostreten möchten, könnten Sie unmöglich kontrollieren. Sie würde Sie mitreißen. Ja, durchaus möglich, dass aktive Sterbehilfe vorlag, und die ist in unserem Land tatsächlich illegal. Nur, wer gewinnt daran, wenn wir das offenlegen? Sie etwa? Der Tote? Die Menschen, die das Opfer auf sich genommen haben, ihm das Ende zu erleichtern?«

»Ich rede ...«

Hauser schnitt ihm das Wort ab. »Ich weiß, von wem Sie reden. Aber es ist besser, Sie nennen keine Namen.«

»Ich wollte sagen: Ich rede nicht von Sterbehilfe. Ich rede von Mord, Herr Hauser, gezieltem, kaltblütigem Mord.«

Hauser stöhnte und rieb sich kurz das Gesicht. »Sie Idiot. Ich wollte Ihnen eine Brücke bauen, um gewisse Dinge nicht aussprechen zu müssen. Dabei wusste ich ja, dass Sie offenbar dümmer sind, als die Polizei erlaubt. Herr Capaul, abgesehen davon, dass nur ein Volltrottel oder ein sehr überheblicher Geist das Mittel für seinen Mord mit Ankündigung besorgen, es danach offen herumliegen lassen und sogar die Kaufquittung beilegen würde, spielt es nicht die geringste Rolle, ob wir nun von Sterbehilfe, Totschlag, vorsätzlicher Tötung oder Mord ausgehen. Die Folgen für die Allgemeinheit wären in jedem Fall katastrophal. Hören Sie jetzt gut zu: Die Menschen in diesem Tal sind die Glieder eines Körpers, seine Arme, Beine, Hände, Finger. Jeder hat seine sinnvolle Funktion. Nicht alle sind lebensnotwendig, ja, womöglich sind gar einige Geschwüre dabei, jedenfalls kann der menschliche Körper auf viele seiner Elemente verzichten. Nur einige wenige Menschen sind vital, sind unverzichtbar für unser Überleben als Gesellschaft, unser Zusammenwirken und Gedeihen. Das Engadin ist eine kleine, stets bedrohte Gemeinschaft, und Sie, Herr Capaul, sind im Begriff, ihr das Herz aus dem Leib zu reißen. Oder die Lunge, das Hirn, was immer. Wie, glauben Sie, reagiert Ihr Körper, wenn man Ihnen das Herz oder die Lunge aus dem Leib reißen will? Sie würden staunen, welche Kräfte Sie entwickeln, jeder einzelne Ihrer Körperteile. Im größeren Kontext ist das nicht anders: Treffen Sie dieses Tal unbedacht an einer vitalen Stelle, Herr Capaul, so wundern Sie sich nicht, wenn die kleine, an sich friedliche Gesellschaft plötzlich außer Rand und Band gerät, um sich schlägt, zerstörerische Kräfte freisetzt.«

Capaul hatte der langen Rede schweigend zugehört. Nachdem Hauser sie beendet und die Hände in den Schoß gelegt hatte, nickte er und fragte: »Ist das eine Drohung?«

»Nein, um Himmels willen«, rief Hauser und hob die Hände gleich wieder über den Kopf. »Ich wünsche Ihnen nur das Beste, glauben Sie. Nein, das sollte eine wohlgemeinte Warnung sein. Es wird Menschen geben, die Sie bremsen möchten, und diese Menschen treibt nicht ein bloßer Gerechtigkeitsfimmel wie Sie, sondern die schiere Not.«

»Reden Sie von Rudi?«

»Nein, ich rede nicht von Rudi, sondern von denen, denen Rudi Gutes tut.«

Capaul lachte vor Verwunderung laut auf. »Tut er das? Ist er nicht ein hemmungsloser Egoist, ein Blender, Hochstapler, Betrüger …«

»Nein«, unterbrach Hauser, »nein, eher ist er ein Robin Hood.«

Capaul lachte wieder, diesmal vor Entsetzen. »Nennen Sie mir eine seiner Heldentaten.«

»Nun, beispielsweise unterstützt er regelmäßig unser kleines, stets vom Abbau bedrohtes Spital. Das ist kein Geheimnis, deshalb kann ich darüber auch so offen sprechen. Gerade vorhin hat er mir eine wirklich großzügige Spende in Aussicht gestellt, zum Dank für den menschlichen Rahmen, den wir seinem Onkel für dessen letzten Gang geschaffen haben.«

»Rudi hat überhaupt kein Geld, das hat er mir selbst gesagt.«

»Ja, da war er auch mir gegenüber sehr ehrlich. Die Spende ist davon abhängig, dass er erstens das Haus seines Onkels erben kann, es zweitens nicht oder jedenfalls nicht stark belastet ist und er es drittens zu einem Preis verkaufen kann, der sein eigenes Defizit übersteigt. Ein Grund mehr, um Gelassenheit walten zu lassen: Allein das Gerücht, in Rainer Pinggeras Haus sei ein Mord geschehen, dürfte den Verkaufspreis drastisch senken.«

Capaul überfiel eine plötzliche Erschöpfung. »Ich verstehe, eine Hand wäscht die andere«, sagte er matt und trat zur Seite, um Hauser den Weg frei zu machen.

Doch Hauser hatte es nicht mehr eilig. Nachdem er eine Weile an einer Antwort gefeilt hatte, sagte er: »Ja, aber es würde Ihnen helfen, Herr Capaul, und das meine ich ganz grundsätzlich, wenn Sie sich ebenfalls als Teil des Ganzen begreifen könnten. Eine Hand wäscht die andere, richtig, doch auch Sie sind eine dieser Hände, vielleicht auch nur ein kleines Fingerglied. Oder, um es in der Sprache der Einheimischen zu sagen – nicht, dass ich viel Romanisch könnte, aber diesen Spruch habe ich mir gemerkt: Chi bler voul, poch piglia. Wer viel will, nimmt wenig. Mein dringender Rat an Sie, Herr Capaul: Geben Sie sich Zeit, hier anzukommen. Noch sind die Türen nicht zugeschlagen, nur angelehnt. Sie werden genügend Gelegenheit bekommen, Gutes zu tun. Ich bin überzeugt, dass Sie ein herzensguter Mensch sind und ein Geschenk für unsere kleine Engadiner Gemeinschaft. Lassen Sie uns allen Zeit, zusammenzuwachsen. Chi bler voul, poch piglia.« Damit schüttelte er Capaul herzlich die Hand und hängte sich das Stethoskop an den Hals. »Das beste Placebo, nicht nur bei Kindern«, sagte er augenzwinkernd und führte ihn hinaus.

Während Hauser zur Visite eilte, verließ Capaul das Gebäude und setzte sich ins Auto. Er fuhr aber nicht los, sondern betrachtete lange erschöpft die nüchterne, schmucklose Fassade des Spitals und versuchte sich vorzustellen, welche Menschen hier liegen mochten, welche Schicksale vielleicht in ebendiesem Moment eine entscheidende Wende nahmen. Hinter den metallgerahmten Fenstern wurde geboren und gestorben, im Innern dieses abweisenden Betonbaus schlug gewissermaßen das Herz des Tals. Hausers Predigt hatte etwas in ihm berührt, das tief geschlummert haben musste, eine Sehnsucht, dazuzugehören, eingebettet zu sein in eine Gesellschaft, eine Familie – eine Sehnsucht, die er so gar nicht kannte. Fast hätte er geweint. Stattdessen warf er schließlich den Motor an, bog auf die Kantonsstraße ab und fuhr nach St. Moritz, um sich im Badrutt's Palace nochmals die Madonna anzusehen. Die niedergehende Sonne blendete ihn, er sah jetzt erst, wie verschmutzt die Windschutzscheibe war, dazu kam viel Feierabendverkehr – das alles strengte zusätzlich an. Umso mehr freute er sich auf die Ruhe, die Raffaels Maria ausstrahlte.

Auch im Grandhotel herrschte Betrieb, nicht nur in der Lounge, auch in der Bibliothek. Sie wurde von einer britischen Reisegruppe belagert, Teenager und ihre Mütter, aber Capaul war bereits so versunken in seine Gedanken, dass er sie kaum wahrnahm. Er hatte auch kein Problem mehr mit Milben, weil er sich nicht setzte, sondern an den Türpfosten gelehnt stehen blieb, in einiger Entfernung zum Gemälde, doch ihm genügte es, in seinem Dunstkreis zu sein. Er hing tausend Gedanken nach, zur Mutterliebe, zur Frage, wie man sich Liebe verdient, und natürlich immer wieder auch zur Demut, Rudi sei Dank.

Erst als eine reife Dame mit Hornbrille und kariertem Regenschirm die Reisegruppe vor dem Bild zusammenrief, widmete auch er seine Aufmerksamkeit dem Geschehen im Raum. Sie referierte in sehr blumigem Englisch, Capaul reimte sich den Sinn mehr zusammen, als dass er wirklich verstanden hätte, dazu schlug sie mit der Schirmspitze auf dem Fußboden gewissermaßen den Takt. Allein schon deshalb konnte Capaul nicht anders als mithören.

Beantwortet wurde die Frage eines rothaarigen Mädchens, ob das Bild das Originalwerk Raffaels sei oder die Kopie eines seiner Schüler. Angeblich hing ein fast identisches Werk in der Dresdner Gemäldegalerie. Gut möglich, erfuhr Capaul, dass hier vor ihren Augen das Original hing, dafür sprach etwa, dass das Bild auf eine große, intakte Leinwand gemalt war, während die Leinwand der Dresdner Madonna zusammengeflickt war. Raffael, der Perfektionist, hätte sich kaum dazu herabgelassen, auf einen Flickenteppich zu malen. Danach verschärfte sich das Interesse der Gruppe für das Bild massiv, alle wollten sich vor der Madonna ablichten lassen, und die Reiseleiterin rief zur Ordnung, indem sie erneut mit der Schirmspitze klopfte. Das wiederum führte dazu, dass sie selbst von einem Hotelangestellten höflich ermahnt wurde, das Parkett zu schonen.

Damit nahm Capauls Versunkenheit ein Ende. Er hatte plötzlich die Befürchtung, wesentliche Elemente seiner Gespräche mit Rudi und Dr. Hauser zu vergessen, und ging zur Zigarren-Lounge, um an der Bar seine Notizen nachzuführen. Auch dort herrschte Rummel, dröhnende Männerstimmen füllten den Raum, wieder in Englisch – offenbar hatte die Reisegruppe sich, nach Geschlecht und Interessenlage sortiert, zweigeteilt. Capaul war etwas Betrieb gerade recht, er bestellte ein Wasser und notierte eine ganze Weile konzentriert, woran er sich erinnerte.

Erst als Hausers Sprichwort ihm nicht einfallen wollte, sah er auf und ließ gedankenverloren den Blick schweifen – da entdeckte er an einem gut gefüllten Tisch Rudi, der eben zu ihm hersah.

Capaul nickte ihm zu und beugte sich wieder über den Notizblock. Doch gleich darauf stand Rudi neben ihm und sagte mit einem Hauch von Ironie: »Langsam wird es aber unheimlich.«

Capaul lachte. »Diesmal ist es purer Zufall. Ich habe mir nochmals die Madonna angesehen.«

»Und jetzt versuchen Sie sie nachzuzeichnen?«

Erst jetzt bemerkte Capaul, dass er instinktiv das Blöcklein mit der Hand bedeckt hatte. »Nein, ich mache mir

Notizen. Dr. Hauser hat mir ein romanisches Sprichwort beibringen wollen, und ich habe es schon wieder vergessen. Etwas zum Thema Bescheidenheit, oder vielleicht auch Selbstbescheidung, es fing mit Chi an.«

Rudi nickte. »Chi chi va per fö perda seis bun lö. Wer Feuerholz holen geht, verliert seinen guten Platz am Ofen.«

»Das war es zwar nicht, aber das ist auch schön«, sagte Capaul und schrieb gleich mit. »Übrigens habe ich gerade gelernt, dass die Madonna nebenan vielleicht sogar der Original-Raffael ist. Auf die Idee wäre ich nie gekommen. Wie kann man sie dann so offen hängen lassen? Die ist doch bestimmt ein paar Millionen wert.«

»Oder ein paar Dutzend«, sagte Rudi. »Immerhin hängt sie inzwischen hinter Glas. Aber deshalb wollten die Badrutts die Frage auch nie klären. Chi chi va per fö perda seis bun lö. Die Dresdner wiederum zehren seit zweihundertfünfzig Jahren davon, dass sie einen echten Raffael da hängen haben, die haben auch kein Interesse daran, womöglich ihre Hauptattraktion zu verlieren.«

»Schön, aber was ist der Zusammenhang zum Sprichwort?«, fragte Capaul.

»Dass beide vom Nimbus des Genies zehren können und damit blendend leben. Ginge man der Sache auf den Grund, gäbe es einen Verlierer und einen Sieger. Es ist dasselbe wie bei uns zweien, Capaul. Sie und ich, wir hätten prima koexistieren können, doch Sie wollten partout den Kampf, und nun tragen Sie auf ewig die Zwei auf dem Rücken. Kampf kennt nur einen Sieger.«

»Was macht Sie so sicher, dass ich die Zwei bin und nicht Sie?«

Rudi lachte. »Kommen Sie! Dr. Hauser hat mich vorhin angerufen und von Ihrer Plauderei erzählt. Ich bin froh, dass Sie die Kurve noch gekriegt haben. Ich übernehme dafür Ihr Wasser, das hatte ich Ihnen versprochen. Dann muss ich leider auch schon weiter.« Er gab dem Barkeeper ein Zeichen, Capauls Getränk auf seine Rechnung zu setzen, und wollte sich schon abwenden.

»Wie geht es Annamaria?«, fragte Capaul.

»Ich weiß nicht, ich habe es noch nicht zu ihr geschafft.« Rudi zeigte zum Tisch, an dem er mit vier Männern gesessen hatte, zwei in sehr edlen Anzügen, zwei waren arabisch gekleidet. »Die Geschäfte rollen wieder an, endlich.« Zufrieden schlug er die Handflächen zusammen, dabei schien ihm etwas einzufallen. »Ach, sagen Sie, Capaul, wollen Sie sich nicht um sie kümmern?«

»Um wen?«

»Um Annamaria natürlich. Ich rufe sie gleich an, dass Sie kommen, sie wohnt unten am See.«

»Sie machen Witze.«

»Nein, warum? Wir zwei haben uns doch jetzt gefunden, hoffe ich. Und ich kann mir vorstellen, dass Sie in der Laune, in der Annamaria sich befindet, den besseren Draht zu ihr haben. Stimmt, Sie passen überhaupt viel besser zueinander.« Er zückte einen silbernen Kugelschreiber, schrieb auf den Untersetzer Straße und Hausnummer, dann klopfte er Capaul mit der Linken auf die Schulter, mit der Rechten drückte er gleichzeitig seine Hand, und quasi als Abschied sagte er: »Nenn mich Rudi.«

XIV

Annamaria wohnte bei ihrer Schwester Ladina in einem leitergelben fünfzehnstöckigen Block für Angestellte der Hotellerie in St. Moritz-Bad. Ladina arbeitete als Wäscherin. Das erfuhr Capaul, kaum hatte sie ihm die Tür geöffnet, als Entschuldigung für das Durcheinander in der Wohnung – wobei eigentlich alles sehr ordentlich war, nur vollgestopft. Durchsichtige Plastikkisten mit Wäsche stapelten sich an jeder freien Stelle der kleinen Anderthalbzimmerwohnung, ein Bügelbrett stand mitten im Raum, und den Küchentisch besetzte eine Nähmaschine. Ladina war dabei gewesen, für ein Hotel Wäschezeichen einzunähen.

»Ist Annamaria hier?«, fragte er. »Ich bin gekommen, um nach ihr zu sehen.«

»Ich weiß, sie macht sich gerade zurecht.«

»Für mich? Das braucht sie doch nicht.«

Ladina wiegte den Kopf. »Sie sah ziemlich verschupft aus, und es gibt ein Alter, in dem sind verheulte Augen einfach nicht mehr sexy.« Sie bot ihm einen Platz auf der Küchenbank an und nähte weiter.

Gleich darauf kam Annamaria aus dem Bad, geschminkt und heftig parfümiert. »Hallo«, sagte sie heiser und gab sich Mühe zu lächeln. Capaul schaffte es nicht gleich, sich hinter dem Küchentisch hervorzuzwängen, deshalb beugte sie sich vor und gab ihm Küsschen auf die Wangen.

»Gehen wir nach drüben«, schlug sie vor.

Drüben, das war der Bereich rings ums Bügelbrett. Dort

stand ein Sofa und, an die Wand geschoben, ein gläserner Salontisch, getragen von einem polierten Arvenstrunk.

Capaul sah sich vergeblich nach einer weiteren Tür um. »Wo schlaft ihr?«, fragte er.

»Da.« Sie zeigte aufs Sofa. »Man kann es ausklappen.«

»Und wenn Rudi kommt?«

»Geht Ladina zu ihrem Freund.«

»Er wohnt gleich eins drunter«, sagte Ladina von der Küche her. »Er schnarcht nur so furchtbar, deshalb schlafe ich lieber oben.«

Annamaria öffnete eine der Plastikschachteln und fragte Capaul: »Macht es dir etwas aus, wenn ich noch etwas bügle?«

»Nein, gar nicht. Ich wundere mich nur. Ich dachte, in den Hotels läuft so was maschinell.«

»Oh, ich bügle rein privat, das sind Rudis Hemden. Fürs Hemdenbügeln braucht man ein feines Händchen, und Rudi ist eher der Mann fürs Grobe.« Kaum hatte sie ihn erwähnt, schien sie wieder mit Tränen zu kämpfen. Übertrieben geschäftig wendete sie ein Hemd und breitete es über das Bügelbrett. »Hemden bügelt man von links«, erklärte sie, »das wusstest du bestimmt auch nicht.« Gleich darauf hielt sie sich hastig den Mund zu und stellte fest: »Jetzt habe ich Sie einfach geduzt.«

»Können wir gern, ich heiße Massimo«, sagte Capaul, setzte sich auf die Sofakante und sah ihr zu. »Was heißt, mit links?«

»Nein, von links, gewendet eben. Das ist der Trick für eine faltenlose Naht, ganz simpel, aber ich habe noch keinen Mann kennengelernt, der ihn kannte.«

»Ich auch nicht, danke.«

Sie kicherte vor sich hin, dann wurde sie wieder ernst: »Es gibt Bilder, die wollen mir nicht mehr aus dem Kopf.«

»Von Rudis Onkel?«

Sie nickte. »Ich habe Tiere sterben sehen, Pferde, Kühe. Ich dachte, schlimmer kann es nicht sein. Aber die Not in seinen Augen, darauf war ich nicht vorbereitet. Das aushalten zu müssen ... Ich konnte doch nicht einfach wegrennen.«

»Waren Sie ... Warst du noch lange mit ihm allein?«

»Ich weiß nicht. Aber am schlimmsten war es sowieso, nachdem Rudi zurück war. Wir mussten Rainer zwingen zu trinken, er wollte partout nicht. Er hat sich gesträubt wie ... Mir fällt kein Vergleich ein. So, als hätte er beschlossen zu verdursten. Als wollte er gar nicht gerettet werden. Rudi hat ihn angeschrien: ›Du musst, du musst, das ist deine Medizin.‹«

»Was haben Sie ihm denn gegeben?«

»Wasser, darin war etwas aufgelöst, irgendwelche Salze wohl.«

»Und wie viel hat er getrunken?«

Annamaria wendete erst abermals das Hemd, schlug es mit einer routinierten Bewegung aus und hängte es auf einem Bügel an die Vorhangstange. »Fast alles«, sagte sie und nahm sich das nächste vor. »Rudi hat nicht nachgelassen. Natürlich war auch so einiges in der Bettwäsche, Rainer hat immer wieder erbrochen. Ich hatte Angst, es gerät ihm in die Lunge und er erstickt, aber Rudi meinte: ›Quatsch, so schnell erstickt man nicht.‹«

»Woher weiß er so was?«

Annamaria dachte nach, dann zuckte sie mit den Schultern. »Rudi weiß über fast alles Bescheid. Außer übers Bügeln. Das macht ihn so attraktiv.«

»Na ja«, murmelte Ladina, und Capaul fragte: »Sagen Sie, hat Rudi eigentlich Schulden?«

»Ihr wart beim Du«, erinnerte ihn Ladina.

»Hältst du bitte mal die Klappe?«, bat Annamaria gereizt,

dann erklärte sie Capaul: »Sie findet, ich brauche einen neuen Mann.«

»Alle finden das«, stellte Ladina klar. »Alle, die euch zusammen sehen. Rudi ist ein kleiner Diktator.«

»Ja, und? Ich mag starke Männer.«

»Ja, darin bist du unbelehrbar«, seufzte Ladina.

»Was willst du damit sagen?«

Ladina stand auf und lehnte sich an den offenen Türbogen, der mehr symbolisch die Küche abgrenzte. Zu Capaul sagte sie: »Sie hatte mal etwas mit dem St. Galler Stadtpräsidenten …«

»Hör auf«, rief Annamaria.

»Dann erzähl es ihm selbst.«

»Es gibt nichts zu erzählen. Er war nicht sauber. Er hat behauptet, er sei in Scheidung, was nicht stimmte.«

»Ja, und vor allem wollte er dich für schmutzige Geschäfte einspannen.«

»Das ist nicht raus, es ist nie zu einer Anklage gekommen.«

»Zum Glück nicht«, sagte Ladina. »Denn an wem wäre es wohl hängengeblieben?«

Annamaria sah Capaul gequält an. »Hör nicht hin, sie macht sich nur wichtig.«

»Hat Rudi Schulden?«, hakte Capaul nach.

Diesmal antwortete Annamaria fast zu prompt. »Bei mir nicht.«

Ladina lachte zynisch. »Wie viel bezahlt er dir für die Hemden?«

»Ich wollte doch gar nichts.«

»Ja, aber er hat darauf bestanden, drei Franken das Stück. Was billig genug ist. Und wie viel hast du bisher bekommen?«

»Das eilt überhaupt nicht.«

»Nichts, keinen Rappen hast du bekommen. Und was

heißt: ›Das eilt nicht‹? Du schuldest mir Miete. Und mir eilt es sehr wohl.«

»Du hast nie etwas gesagt.«

»Aber jetzt sage ich's. Weil jetzt hat Rudi Geld, und jetzt soll er gefälligst auch zahlen.«

»Noch hat er kein Geld.«

»Redet ihr vom Erbe?«, fragte Capaul.

Ladina und Annamaria sahen sich an, als wollte sich jede um die Antwort drücken. Annamaria sagte schließlich: »Wir sollen darüber gar nicht reden. Jedenfalls, jetzt kommt alles gut.« Dann begann sie wieder zu bügeln.

»Dank Rainers Tod?«, bohrte Capaul.

»Nein, natürlich nicht«, rief Annamaria und kämpfte wieder mit den Tränen.

»Rudi hat neue Investoren«, erklärte Ladina, dann ging sie zurück in die Küche, warf den Backofen an und schuf Platz auf dem Tisch. »Genau genommen sind es die alten, zwischenzeitlich waren sie abgesprungen, jetzt wollen sie doch wieder einschießen. Massimo, du isst mit, ja? Ich mache eine Pizza.«

»Nur wenn ich nicht störe. Einschießen wofür? Die Olympiade ist doch Geschichte.«

Ladina lachte. »Rudi ist ein Geheimniskrämer. Wir wissen nur, dass es um etwas angeblich Gigantisches geht, größer als eine Olympiade.«

Und Annamaria fügte hinzu: »Deshalb hat er ja dich geschickt. Er muss noch mit ihnen essen gehen, und morgen fliegen sie nach Zermatt.«

»Und warum vertrauen Sie ihm plötzlich wieder?«, wunderte sich Capaul.

Ladina mixte Tomaten auf und konnte ihn nicht hören. Annamaria hängte ein Hemd an die Stange, nahm das nächste, dann lächelte sie Capaul müde an. »Irgendwie hatte ich gehofft, wir machen uns zu dritt einen schönen

Abend. Endlich mal ein neues Gesicht, und du warst mir schon auf der Hütte sympathisch. Rudi hat auch sehr nett von dir gesprochen. Aber deine Fragerei macht, dass ich mich noch leerer fühle.«

»Entschuldige. Ich glaube, ich bin einfach nicht begabt für gemütliche Stunden. Dann gehe ich jetzt besser.«

»Nichts da«, erklärte Ladina und schob schwungvoll das Blech in den Ofen. »In fünf Minuten wird gegessen, und Deal ist Deal.«

»Ich will dich auch überhaupt nicht rauswerfen«, behauptete Annamaria.

»Danke«, sagte Capaul. »Dann lasse ich dich jetzt bügeln.« Er stand auf und sah sich um. Auf dem Fensterbrett entdeckte er eine Silserkugel, wie sie Luzia hatte, nahm sie hoch und hielt sie gegen das Licht.

»Lass sie bitte liegen«, sagte Annamaria scharf, »die ist mir heilig.«

»Entschuldige, ich fasse nichts mehr an.«

»Es ist nur so«, erklärte sie schuldbewusst, »dass ich die Kugel Rainer in den Sarg mitgeben möchte. Sie enthält ganz vieles, was ich ihm nicht mehr sagen konnte. Jetzt habe ich es halt der Kugel gesagt.«

»Mitgeben?«, wiederholte er. »Dann musst du dich aber ranhalten, der Sarg wird heute Abend noch abgeholt, oder jedenfalls morgen früh.«

Annamaria sah erschreckt auf. »Warum hat Rudi mir das nicht gesagt? Er weiß doch, dass …« Sie brach ab und wendete das letzte Hemd, dann sagte sie zu Ladina: »Ich esse auch nicht mit, ich fahre gleich ins Spital.«

»Oder ich bringe die Kugel hin«, sagte Capaul. »Ich schlage sowieso nur Zeit tot.«

»Nein, du bringst doch Rudi die Hemden«, erinnerte sie ihn.

Capaul sah sie verwirrt an. »Davon weiß ich nichts.«

»Deshalb hat er dich doch aber geschickt«, erklärte sie amüsiert. »Er hat keine Zeit, sie zu holen, und trägt schon sein letztes sauberes.«

»So hatte ich das nicht verstanden«, versicherte Capaul.

»Hier, ihr Turteltäubchen«, sagte Ladina, »ich schlage vor, Massimo bringt dich ins Spital und trägt danach die Hemden aus. Dazwischen macht ihr es euch irgendwo für fünf Minuten gemütlich und esst gefälligst, was ich gebacken habe.« Sie hatte die Pizza aus dem Ofen genommen, schnitt sie in Stücke füllte damit eine Tupperdose.

Den Vorschlag fanden beide gut, und nachdem Annamaria die Hemden gefaltet, in eine der Boxen gelegt und die Silserkugel behutsam darauf gebettet hatte, zogen sie los. Im Treppenhaus hielt Ladina ihre Schwester noch kurz zurück und korrigierte die vom Weinen verwischte Schminke.

Im Auto bereitete Capaul Annamaria darauf vor, dass man sie vielleicht gar nicht zum Verstorbenen vorlassen würde, doch als sie das Spital erreichten, schienen alle Annamaria zu kennen, und es gab überhaupt kein Problem. Es war aber gut, dass sie jetzt gekommen waren, denn die Leiche war schon transportfertig und konnte jede Minute geholt werden.

Capaul begleitete sie, doch als sie am Treppenabsatz standen, von dem aus es in den Leichenkeller ging, erklärte sie entschieden: »Ich möchte allein zu ihm. Ich hoffe, du verstehst das.«

»Natürlich«, sagte Capaul, obwohl er enttäuscht war.

Die Cafeteria war bereits wieder geschlossen. Er holte die Pizza aus dem Auto und setzte sich an einen der Tische, bald darauf kam Annamaria wieder. Ihr Gesicht war gerötet, und er brauchte einen Augenblick, bis er begriff, dass sie sich die restliche Schminke abgewaschen hatte. »Ich dachte, wir könnten hier picknicken«, sagte er, dann wollte er wissen: »Und? Wie sah er aus? Duonna Lina hat noch extra einen Anzug für ihn geholt.«

Sie schüttelte den Kopf. »Ich weiß es nicht, ich wollte ihn nicht mehr sehen. Ich habe die Kugel zwischen seine Füße gelegt.«

»Möchtest du nicht etwas essen?«, fragte er.

»Ich habe keinen Hunger. Aber du musst essen.«

»Oh, mir eilt es überhaupt nicht. Dann fahren wir jetzt zu Rudi?«

»Nein, du fährst allein. Ich will nicht, dass er glaubt, ich würde ihm nachrennen.«

»Wir bringen doch nur die Hemden.«

»Das wäre schon zu viel.«

»Was würdest du denn gern tun?«, fragte Capaul.

Sie antwortete nicht gleich. »Ich sage dir, was ich tun werde, sobald du weg bist. Ich nehme den nächsten Zug nach Zuoz. Ich will zu Rainer nach Hause und dort Abschied nehmen.«

»Schon wieder?«, rief er verwundert. »Ich fahre dich hin, wer weiß, wann ein Zug fährt. Außerdem ist es schon fast dunkel, hast du keine Angst, nachts allein im Haus eines Toten?«

»Doch, die habe ich tatsächlich. Aber der Tod muss ja gar nichts Schlimmes sein.« Das sagte sie, als müsste sie sich selbst überzeugen.

»Trotzdem möchte ich dich begleiten.«

»Meinetwegen, bis zur Haustür«, sagte sie erleichtert, und auf der kurzen Fahrt im Chrysler sang sie sogar auf Romanisch vor sich hin.

Capaul hatte in seiner kurzen Karriere als Autofahrer noch nie einen Gast gefahren, dazu noch einen singenden.

Er genoss die Minuten, und als sie in der Gasse anhielten, sagte er: »Am liebsten wäre ich noch viel weiter gefahren, es war richtig gemütlich.«

Sie lachte. »Soll ich dir verraten, was ich gesungen habe?« Sie rezitierte erst die romanischen Zeilen:

»Guarda giò la fossa da schmurdüna
Ah nu saintast tü illa s-churdüna
La terrur e sduvlamaint dals verms
Ah pür sorta in ta trist'avdaunza
Tieu Aspet am mett'in disperaunza
Fin damaun saro eir eau tiers te«

Dann lauschte sie eine Weile still in sich hinein, dazu bewegten sich ihre Pupillen ganz flink, so als müsste sie die deutschen Worte im Flug erhaschen. Sie sah dabei sehr hübsch aus. Schließlich schloss sie die Augen und übersetzte leise, immer wieder stockend, manchmal ging sie zurück und setzte eine Zeile höher nochmals an:

»Sieh hinab ins schauerliche Grab
Ach, fühlst du nicht im Finstern
Das Grausen und das Würmerwimmeln
Ach, komm aus deinem traurigen Gehäuse
Dich so zu sehen macht mich ganz verzweifelt
Bis morgen bin ich auch bei dir«

Sie öffnete die Augen wieder und sah an Capaul vorbei ins Leere – auch dann noch, als sie sich vorbeugte, um seine Wange zu küssen. Dann stieg sie aus.

XV

Während Capaul zusah, wie sie den Schlüssel hinter den Geranien hervorfischte und aufschloss, tastete er nach der Tupperdose auf dem Rücksitz. Aber dann sagte er sich, dass er Annamaria so nicht zurücklassen mochte, außerdem gehörte die Pizza zur Hälfte ihr. Er stieg aus und ging ihr nach.

Annamaria stand noch im Flur, ohne Licht, er sah nur grobe Umrisse und hörte sie schluchzen. »Nicht erschrecken«, bat er. »Ich möchte doch lieber hier auf dich warten. Ich habe die Pizza dabei.«

Als sie nicht antwortete, ging er an ihr vorbei in die Küche und machte Licht. Sie hastete zum Lichtschalter und machte es wieder aus, dann verzog sie sich, noch immer schluchzend, ins Schlafzimmer.

»Ruf, wenn du etwas brauchst«, bat er.

Doch sie reagierte wieder nicht. Capaul wagte kein Licht mehr zu machen, obwohl es kaum bis ins Schlafzimmer dringen würde. Er hatte noch vage in Erinnerung, dass er bei seinem letzten Besuch in einer Schublade eine Stabtaschenlampe hatte liegen sehen. Es war noch gerade hell genug, dass er sich nicht vortasten musste, und er hatte gleich mit dem ersten Griff Erfolg: Die Taschenlampe lag in der Tischschublade, zusammen mit einem Set Spielkarten, Tafel und Kreide sowie grünen und roten Ersatzsicherungen. Er testete sie nur kurz, schwenkte damit einmal durch den Raum, dann aß er im Dunkeln ein Stück Pizza und sagte sich, wie froh er sein konnte, dass er sich bei seinen bisherigen Untersuchungen so tollpatschig angestellt hatte, sonst säße Annamaria womöglich schon in Untersuchungshaft. Obwohl er sie nicht einmal unbedingt für unschuldig hielt, wünschte er ihr nichts weniger als das. Ja, im Grunde war er fast sicher, dass sie unbedacht, gutgläubig oder gar bewusst, aus Schwäche, an Cucus Tod mitgewerkelt hatte. Aber ganz offensichtlich litt sie auch so mehr als genug – fast so, als büße sie für zwei, während Rudi den lieben Gott einen guten Mann sein ließ.

Mit dem zweiten Stück Pizza in der Hand versuchte Capaul erfolglos, die Kuckucksuhr zum Laufen zu bringen, die so hoch hing, dass er sich recken musste. Dann ging er nochmals hinüber – inzwischen war er froh um die Taschenlampe – und sagte: »Die Pizza ist wirklich fein, und man kann auch aus lauter Hunger depressiv werden.« So dezent wie möglich streifte er sie mehrmals mit dem Lichtkegel, um die Situation zu erfassen. Annamaria lag auf dem abgezogenen Bett, das Gesicht in die nackte Matratze gepresst, eine Hand krallte sich in den mit Silberfäden durchzogenen Bezugstoff, dazu murmelte, flehte oder sang sie etwas auf Romanisch. Sie schien ihn nicht gehört zu haben.

Nachdem er eine Weile gewartet hatte, erklärte er: »Nein, so ist das wirklich nicht gesund«, trotzdem fiel ihm nichts Gescheites ein, wie er sie zur Besinnung bringen konnte. Für einen Moment setzte er sich zu ihr auf die Bettkante, legte behutsam die Hand auf sie und versicherte: »Es geht vorbei.« Keine Reaktion. Er schob den einzigen romanischen Satz nach, den er kannte: »Chi chi va per fö perda seis bun lö.« Vielleicht, dachte er sich, bringe ich sie damit zum Lachen. Stattdessen weinte sie wieder. »Schreien hilft manchmal auch«, riet er, »einfach ungehemmt schreien. Keine Sorge, meine Ohren halten was aus.« Nein, sie mochte nicht schreien.

Er stand wieder auf. »Dann bringe ich jetzt Rudi seine Hemden und komme dich dann holen. Die Pizza steht in der Küche, und hier ist eine Taschenlampe.«

Ohne den Kopf zu heben, murmelte sie: »Behalte die Taschenlampe, ich habe ein Handy.«

Er war richtig glücklich, sie reden zu hören. »Bis gleich«, sagte er und verließ das Haus.

Als er St. Moritz erreichte, änderte er seinen Plan, statt zu Rudi fuhr er zu Ladina. Sie war nicht zu Hause, aber er fand sie einen Stock tiefer, bei ihrem Freund. Er war Afrikaner, hieß Aristide, und im Gegensatz zu Ladinas Wohnung war seine fast leer. Als Capaul sich auf Aristides Einladung hin zu ihr setzte, erzählte sie: »Rudi hat dir schon nachtelefoniert. Jemand hat ihn mit Wein bekleckert, er braucht dringend ein Hemd. Und setz dich mal lieber mit etwas Abstand.«

»Salz soll helfen«, sagte Capaul, während er den Platz wechselte. »Ich habe jetzt keine Zeit für Rudi, Annamaria geht es nicht gut. Ich habe richtig Angst um sie. Sie liegt auf Cucus Bett und weint und weint.«

»Das ist nichts Neues, sie hat hier auch die Laken vollgeheult. Aber wer ist Cucu?«

»Rudis Onkel.«

»Ach, Rainer. Und was schlägst du vor?«

»Dass wir sie überwachen. Sie hat ein Lied gesungen, in dem sie ankündigt, dass sie dem Toten ins Grab folgen will.«

Ladina schüttelte den Kopf. »Annamaria ist nicht der Typ, der sich umbringt.«

»Auch nicht, um den Mann zu schützen, den sie liebt?«, fragte Capaul.

Ladina sah ihn verdutzt an. »Was für eine Räuberpistole ist das denn? Wovor will sie ihn schützen?«

»Ich habe keine Beweise, nur Indizien. Hältst du es für möglich, dass Rudi ein Mörder ist? Oder jemanden zum Mord anstiftet?«

»Klar, sofort«, sagte sie. »Ihm fehlt etwas, das normale Menschen haben, Schamgefühl oder Respekt. Es gibt nichts, was ich ihm nicht zutrauen würde. Aber wen bitte soll er kaltgemacht haben?«

»Cucu. Ich meine, Rainer.«

»Was?« Sie stand sofort auf. »Ja, aber dann hängt Annamaria voll mit drin!«

»Sage ich ja.«

Ladina erklärte Aristide ganz kurz auf Französisch, dass Annamaria sie brauchte, dann zog sie Capaul mit sich. »Weiß Rudi, dass du ihn verdächtigst?«, fragte sie, während sie oben Schuhe und Jacke holte.

»Ins Gesicht gesagt habe ich es ihm nicht. Aber er ist nicht dumm.«

»Und wie soll er es angestellt haben?«

»Mit Dafalgan.«

»Den Kopfwehtabletten?« Sie lachte. »Kann man damit jemanden kaltmachen?«

»Leichter, als du denkst.«

»Scheiße«, murmelte sie mehrmals, während sie die Schuhe anzog, dann rannte sie vor ihm die Treppe hinunter. »Au, au, au, dann steckt sie wirklich voll mit drin«, wiederholte Ladina und musterte sein Auto. »Donnerwetter, die Karre hätte ich dir nicht zugetraut.«

»Ich mir auch nicht.«

Sie stiegen ein und fuhren eine Weile wortlos. Capaul hatte Mühe, sich zu orientieren, dachte nach. Dabei murrte und brummte sie immer wieder, als sei sie kurz davor, das Schweigen zu brechen, und stellte endlich fest: »Also, ich an Rudis Stelle würde Annamaria abservieren. Umlegen.

Falls sie etwas weiß. Eine wie sie kann nicht aufs Maul hocken, irgendwann knickt sie garantiert ein.«

»Mir ist nicht klar, ob sie etwas weiß«, antwortete Capaul. »Eigentlich klang es nicht so. Andererseits, wenn nicht, warum ist sie dann so verzweifelt?«

Ladina dachte kurz nach. »Ich sehe zwei Möglichkeiten. Entweder sie fühlt, dass Rudi sich rarmacht, und hat schlicht Liebeskummer. Dann hätten wir Schwein. Zweite Möglichkeit: Sie ahnt etwas. Das führt in die Katastrophe, denn dann wird sie alle löchern, Rudi, dich, mich, bis sie Bescheid weiß. Und Rudi sie umlegen muss.«

»Also was tun wir?«

»Alles so hinbiegen, dass Rainer ohne kleinsten Zweifel einen natürlichen Tod gestorben ist. Damit sie sich wenigstens in dieser Frage entspannen kann.«

»Aber das ist er nicht.«

Ladina starrte ihn an. »Mensch, begreifst du nicht? Rudis Onkel ist tot, Annamaria lebt. Wer ist wohl wichtiger?«

»Annamaria.«

»Eben«, sagte sie und lehnte sich wieder zurück. »Gut, ist Rudi gerade so beschäftigt.«

Als sie die Foura Chanels erreichten, brannte in mehreren Räumen Licht.

»Au Backe«, sagte Ladina, »wenn nur Rudi nicht gekommen ist.« Sie beeilten sich, ins Haus zu gelangen.

Annamaria saß in der Küche. Sie plauderte mit Fadri und Rita, Cucus Mietern, die vorzeitig aus den USA zurückgekehrt waren. Die Rucksäcke hatten sie auf dem Treppenabsatz zwischengelagert, und wie Annamaria waren sie noch in der Jacke. Es war auch kühl im Haus. Doch als Capaul und Ladina in die Küche traten und Ladina rief: »Ein Sit-in, wie amerikanisch«, stand Fadri auf, holte einen

Elektroofen und zwei Flaschen Wein und sagte: »Für uns ist sowieso erst Nachmittag, jedenfalls bin ich kein bisschen müde.«

Rita rief währenddessen Luzia an, und Ladina schnitt die Reste der Pizza in Häppchen.

Annamaria war wie verwandelt. Etwas zusammengesunken, aber gefasst saß sie hinterm Tisch auf der Bank, die Hände im Schoß, und erzählte Ladina auf Romanisch offenbar von Fadris und Ritas Erlebnissen – Capaul erkannte einzelne Wörter wie »Bryce Canyon« oder »Silverwood«. Als die Tür aufging, weil Luzia und Linard zu ihnen stießen, mit einem Sixpack Bier bewaffnet, sprang plötzlich die rote Katze von Annamarias Schoß, wo sie offenbar die ganze Zeit gesessen hatte, und witschte durch den Türspalt davon.

Alle quetschten sich an den Tisch, nur Rita wollte noch schnell hoch, um zu duschen. Über Cucus Tod hatten vermutlich alle schon genug geredet, denn er war kein Thema. Luzia, die Fadri seit Kindesbeinen kannte, hatte ihm und Rita Reisetipps gegeben und wollte haargenau hören, wie es ihnen in diesem und jenem Café oder Trödelladen gefallen hatte, um dann vor allem selbst zu erzählen, von ihrer Reise zehn Jahre zuvor, die sie mit ihrer damaligen großen Liebe, einem gewissen Diego, unternommen hatte.

Annamaria kannte vielleicht die Geschichten schon, jedenfalls zückte sie irgendwann dezent das Handy. »Ui«, rief sie unwillkürlich, und als alle sie ansahen, sagte sie: »Ich hatte auf stumm gestellt. Rudi hat dreimal angerufen.« Gleichzeitig tippte sie etwas, las und fragte Capaul: »Ja, hast du ihm die Hemden nicht gebracht?«

Sie wollte Rudi gleich anrufen, doch Ladina nahm ihr das Handy weg und sagte: »Er kriegt seine Hemden schon noch.«

»Ich fahre doch schnell«, sagte Capaul und wollte aufstehen. »Nein«, sagte Ladina und zog ihn nieder, »tanzt gefälligst nicht immer nach seiner Pfeife!«

Capaul vermutete, dass sie kluge Hintergedanken hatte, und gab nach. Es gefiel ihm auch in der Runde, und sie wurde immer fröhlicher. Kaum hatte Luzia das Wort wieder ergriffen, fuhr der Kuckuck aus dem Uhrengehäuse und rief so lange, bis Capaul aufstand und die Klappe mit einem Streichholz festklemmte.

»Ich wette, Rudi hat daran gedreht«, sagte Fadri belustigt. »Wo immer im Haus er sich zu schaffen macht, geht hinterher gar nichts mehr.«

»Nein, das war ich«, gestand Capaul.

»Rudi hat sie jedenfalls Rainer seinerzeit geschenkt und sie auch aufgehängt, so hoch, dass Rainer jedes Mal auf den Hocker steigen musste, um sie aufzuziehen, hier, dieses dreibeinige Möbel. Seit er zweimal damit umgekippt ist, ziehe ich sie ihm auf, und wenn ich weg bin, bleibt sie stehen, weil nicht mal Rita groß genug ist, um sie aufzuziehen. Rudi hat behauptet, sie muss so hoch hängen, weil sonst die Katze nach dem Vogel schnappt.«

Er erntete allgemeines Gelächter, nur Annamaria rief: »Das ist nicht wahr.«

»Und ob«, versicherte Fadri. »Und letztes Jahr hat er ihm einen Ikea-Schrank aufgedrängt, ein Riesenteil, weil er es unhygienisch fand, dass Rainer seine Kleider in Truhen aufbewahrte. Er hat ihn ihm auch aufgebaut, aber die Türen haben geklemmt, und als Rainer daran gerüttelt hat, ist der ganze Schrank zusammengekracht. Rainer hatte Schwein, dass ihm nichts passiert ist.« Danach erzählte er noch die Geschichte mit dem Toilettensitz, die Capaul schon kannte, und drehte sie so, als hätte Rudi alles verbockt.

»Das ist nicht mein Rudi«, rief Annamaria mehrmals in komischer Verzweiflung, und Linard versuchte das Thema abzubiegen, doch niemanden interessierten seine Kenntnisse der Statistik von Haushaltsunfällen oder seine Erfahrungen mit einem Ikea-Bücherregal, bei dem ein Teil gefehlt hatte.

Selbst zu Cucus Wäschetumbler hatte Fadri eine Episode parat, die sie allerdings nicht zu Ende hörten, weil im oberen Stock plötzlich Rita schrie, dann rief sie nach ihm. Der Schreck fuhr allen in die Glieder, sie erhoben sich, und Fadri rannte hoch. Aber er kehrte gleich wieder zurück.

»Es war nur die Sicherung«, erzählte er, während er eine neue aus der Küchenschublade nahm. »Rita hat im Bad das Öfelchen angestellt und dazu den Föhn, sie weiß eigentlich, was dann passiert.« Er eilte aus der Küche, machte aber gleich nochmals kehrt und erzählte grinsend: »Wisst ihr, was Rudi uns empfohlen hat? Mit einem Nagel überbrücken. Statt einer Sicherung ein Nagel. Dann brennt sie nicht mehr durch.«

»Was ist daran lustig?«, fragte Luzia, nachdem er fort war. Sie hatte sich an Linard gewandt.

»Statt der Sicherung schmort das Kabel durch«, sagte er widerwillig. »Eine Sicherung ist eine Sollbruchstelle.«

»Aber dann brennt ja vielleicht das Haus ab«, wunderte sich Luzia.

»Ja«, sagte Linard knapp. »Es war ja auch nur ein Witz. Wenn Rudi überhaupt so was gesagt hat. Fadri hat einen sitzen, falls du es noch nicht bemerkt hast. Er hat bestimmt schon im Flugzeug gebechert. Wisst ihr, dass Alkohol im Flugzeug dreimal stärker wirkt?«

Ladina winkte ab. »Soviel ich weiß, ist das eine Zeitungsente. In der Höhe wirkt Alkohol stärker, aber der Kabinendruck in Flugzeugen wird reguliert.«

Linard wollte das so nicht stehenlassen. Capaul meinte: »Ich sehe mal nach, ob ich helfen kann«, und ging Fadri nach. Der Verteilerkasten befand sich im Keller, einem Kreuzgewölbe, aus kopfgroßen Steinen gemauert.

»Potztausend«, sagte Capaul, »wie alt sind die Mauern?«

»Das weiß niemand, vielleicht fünfhundert, vielleicht tausend Jahre«, sagte Fadri, der gerade die neue Sicherung einschraubte. »Die Elektroinstallationen sind auch steinzeitlich.« Er zeigte hoch zu zwei Drähten, welche die Deckenfunzel speisten, sie verliefen offen über Porzellan-Isolatoren. Dann leuchtete er mit dem Handy eine Lücke in der Sicherungsbatterie an und sagte: »Sieh mal, er hat es tatsächlich getan.« Wo die Keramiksicherung sein sollte, steckte ein fast fingerlanger abgebogener Nagel.

»Was hängt an der Leitung?«, fragte Capaul.

Fadri leuchtete auf das Pappschildchen unterhalb der leeren Fassung. Gemeinsam entzifferten sie: »Heustall Süd.«

»Steht da nicht die Werkbank?«, wollte er wissen.

»Doch, ich glaube«, sagte Fadri und rief zur Kontrolle auf dem Handy einen Kompass ab.

»Potztausend«, sagte Capaul dazu und erzählte: »Dann war an dieser Leitung das Öfelchen eingesteckt, das letzte Woche den kleinen Brand verursacht hat.«

»Potztausend«, sagte auch Fadri. »Ich sage immer, Rudi hat einen Schutzengel, wie ihn sonst nur Kinder haben. Andere hätten sich schon zehnmal in die Scheiße geritten. Ich will den Nagel wegnehmen, ich habe nur keine Ahnung, wie man den anfasst, ohne sich umzubringen.«

»Lass lieber alles, wie es ist«, sagte Capaul. »Hauptsache, der Ofen ist ausgesteckt. Ich kann nachsehen.«

»Oder wir nehmen ihn gleich weg. Ich komme jedenfalls mit.« Er nahm eine stärkere Glühbirne, denn auch im Heustall brannte nur eine Funzel. Er ersetzte sie, und gemeinsam besichtigten sie den Rextherm-Heißluftventilator.

»Schon ein heißes Teil«, spaßte Fadri und machte ein paar Fotos. »Das gibt einen netten Eintrag auf Facebook. ›Nach unserer Heimkehr erweist die Hitze im Grand Canyon sich als Klacks.‹ Schade, dass man keine Brandspuren sieht.«

»Gebrannt hat hier das Zeitungsbündel«, erklärte Capaul, »außerdem liegen hier noch Skiwachs und eine Flasche mit Farbreiniger. Habt ihr sie vielleicht hier liegenlassen?«

»Ich war ewig nicht mehr im Stall«, sagte Fadri, »und Rita kommt sowieso nicht her. Das Skiwachs gehört bestimmt Rudi, der hat dort drüben seinen Platz.« Er führte Capaul zu einem Klapptisch, neben dem Kisten mit zahlreichen Wachsen, Klemmen, Bügeleisen und Schabern oder Klingen standen. »Er präpariert hier seine Skier.«

Während Capaul einen Akkubohrer aus der Kiste fischte, in dem ein ausnehmend dünner Bohrstift steckte, sagte er: »Braucht man dazu auch Petrol?«

»Nicht dass ich wüste. Dort drüben, im Farbenschrank, steht Petrol, daraus bedienen wir uns auch. Im Frühjahr gibt es immer etwas zu streichen, und Rainer besteht darauf, dass wir nur gute alte Ölfarbe benutzen.«

Sie gingen hinüber, im Schrank fehlte das Petrol.

»Hat er vielleicht etwas gestrichen, als ihr weg wart?«

»Ich denke nicht, er sah doch kaum noch«, sagte Fadri. »Als er noch selbst gemalt hat, hieß es danach garantiert: Da und da fehlt noch Farbe. Seit wir hier wohnen, bin ich sein Maler.« Sein Telefon klingelte.

Rita rief so laut in den Hörer, dass sogar Capaul sie hörte: »Sag mal, wo bleibst du, Partykiller?«

»Ich komme«, versprach er, und sie gingen ins Haus zurück.

Rita trug ein buntgeblümtes Kleid und hatte das noch feuchte Haar in magische Wellen gekämmt.

»Ich dachte, wir sitzen noch etwas zusammen, wo wir doch sowieso nicht werden schlafen können, und plötzlich warst du weg. Dann fiel Linard ein, dass er Frühschicht hat, und Annamaria und Ladina haben auch nicht mehr viel Sitzfleisch.«

»Ich will Aristide wenigstens noch gute Nacht sagen«, rechtfertigte sich Ladina. »Ich bin einfach abgehauen. Und Annamaria lasse ich heute nicht allein.«

»Ich fahre euch«, sagte Capaul, »danach bringe ich Rudi seine Hemden. Aber darf ich noch schnell aufs Klo?«

»Geh bei uns, unten brennt kein Licht«, sagte Fadri.

»Ich habe eine Taschenlampe.«

Capaul untersuchte nochmals die schadhafte Befestigung am Plumpsklo. Das Brett sollte von drei Leisten getragen werden, die eine fehlte komplett, so als wäre sie von der Wand gehebelt worden. Die beiden anderen dagegen schienen völlig intakt. Die Holznägel wiesen darauf hin, dass sie ein paar hundert Jahre lang gehalten hatten, und sie gaben keinen Millimeter nach, wenn er an ihnen rüttelte. Auch das Loch in der Regenrinne sah Capaul sich nochmals an, vom Durchmesser her passte es sehr gut zum kleinen Bohrstift, den er in Rudis Sachen gefunden hatte. Vorsichtig, um die durchgefaulte Stelle nicht zu belasten, kletterte er auf die Brüstung und tastete nach der Stelle, an der die Rinne ins Fallrohr mündete. Wie erwartet, war sie verstopft, und nicht mit Laub oder einem toten Tier. Es gelang ihm nicht, wirklich tief hineinzufassen, doch was er mit den Fingerspitzen endlich erhaschte, war Zeitungspapier.

All seine Entdeckungen machten ihm richtig gute Laune, und als er zu den anderen zurückkehrte, musste er sich mahnen, nicht laut zu pfeifen.

XVI

Auf der Heimfahrt versuchten Capaul und Ladina, sich in einer Art Geheimsprache zu verständigen.

»Mir scheint, das Wetter ist besser, als wir dachten«, sagte etwa Ladina.

»Oh ja«, bestätigte Capaul. »Ich wittere zwar ein Gewitter, und ein tüchtiges, aber ganz lokal, von St. Moritz her.«

Annamaria lachte. »Du hast keine Ahnung vom Wetter hier oben. Gewitter? Ihr beide habt keine Ahnung, es soll wieder schneien, das reinste Aprilwetter.«

»Heiter«, wiederholte Ladina, »vorwiegend heiter.«

Und Capaul: »Genießen wir's. Und schauen wir, dass es so bleibt.«

»Wie willst du das anstellen?«, fragte Annamaria. »Beten? Zaubern?«

»Mit Rudi reden«, antwortete er. »Ich denke, bei Rudi läuft alles zusammen.«

Annamaria lachte erneut. »Dass er sogar das Wetter im Griff hat, glaube ich nun doch nicht, aber wer weiß.«

»Pass nur auf, dass du nicht nass wirst«, sagte Ladina zu Capaul, worauf Annamaria ausrief: »Was habt ihr zwei eigentlich getrunken? Und ich dachte, ich bin die mit dem Sprung in der Schüssel.«

Capaul beschloss abzulenken. »Kennt eine von euch Jon Luca, den anderen Polizisten? Er wohnt in Samedan, irgendwo bei der großen Kreuzung.«

»Einen Jon Luca, nein«, antwortete Ladina. Auch Annamaria schüttelte den Kopf.

»Seine Freundin verkauft Schuhe in St. Moritz, sie heißt Monika«, fügte er hinzu.

»Ach, die Moni«, rief Ladina, »ja, die hat einen Polizisten. Mit der spiele ich jeden Mittwoch Landhockey. Sie wohnt aber in St. Moritz.«

»Ja, genau, sie treffen sich mal bei ihr, mal bei ihm«, fiel Capaul ein.

»Ist es dringend?«, fragte Ladina. »Dann rufe ich sie schnell an.«

»Dringend schon, aber Dienstgeheimnis«, antwortete Capaul mit dezentem Wink auf Annamaria.

Doch Ladina hatte bereits gewählt. »Schlaft ihr schon? Auf der Heimfahrt wohin? Nein, ich will nichts mehr trinken, wir gehen auch heim. Ich habe hier aber einen Freund dabei, Massimo Capaul. Genau, der Polizist. Er möchte Jon Luca etwas fragen. Unter vier Augen.« Sie wandte sich Capaul zu. »Dauert es lange?«

»Ich glaube nicht.«

»Ein paar Minuten. Super.« Sie hängte auf und sagte zu Capaul: »Er ist in einer halben Stunde beim Wassermann. Er wollte dich sowieso anrufen, aber angeblich hast du kein Handy.«

Also setzte Capaul die beiden Frauen an der Straße vor ihrem Haus ab und fuhr gleich zurück. Er hatte eine Müdigkeitsattacke und ärgerte sich über die verschmutzte Frontscheibe, denn so blendete jedes entgegenkommende Auto doppelt stark, für Sekunden sah er überhaupt nichts. Er musste dauernd an die Fallstudien in seiner Ausbildung mit betrunkenen Fußgängern oder Hirschen auf der Fahrbahn denken und war froh, als vor ihm ein Auto einbog, dem er folgen konnte, auch wenn es mit überhöhter Geschwindigkeit fuhr.

Bernhild war schon im Bett, als er in den Wassermann kam. Auf der Schwelle zu seinem Zimmer lag ein Zettel:

Anruf Rudi Pinggera, wartet auf Hemden. Anruf Pinggera. Anruf Jon Luca Clavadetscher. Anruf Pinggera, Hemden sind vertagt, erwartet dich morgen früh auf dem Piz Nair, wirst um sechs Uhr abgeholt. Gehe jetzt schlafen, dein Frühstück steht parat. Hoffe, du hattest einen netten Abend. Und kauf dir ein Handy.

Er hatte vorgehabt, das Pfefferspray zu holen, das ihm zur Aspiranten-Vereidigung geschenkt worden war, für die Fahrt zu Rudi, doch das erübrigte sich somit. Er machte kehrt und setzte sich in die Wirtsstube an seinen Platz. Bernhild hatte ihm eine Thermoskanne Kaffee, Brot in der Plastiktüte, Marmelade und zwei Ecken Gerberkäse gedeckt. Neben dem Teller lag wieder einmal ein ausgeschnittener Zeitungsartikel: *Die neue Einsamkeit. Warum wir immer anspruchsvoller werden.*

Als Jon Luca ans Fenster klopfte, stand er auf und sperrte die Tür auf.

Jon Luca ließ sich seufzend auf einen Stuhl fallen. »Dümmer hätte das alles nicht laufen können.«

Capaul hatte keine Ahnung, wovon er sprach. »Was hätte nicht dümmer laufen können?«

Jon Luca lachte. »Immerhin hast du deinen Humor noch nicht verloren. Ich fühle mich ein bisschen mitschuldig, ich hätte Linard viel früher bremsen müssen. Die Strafzettel an deiner Kiste waren ja noch ganz witzig, aber die Sache mit Rainer Pinggera hätte nicht sein dürfen. Mir wuchs nur letzte Woche alles über den Kopf. Jetzt lass uns überlegen, wie du dich wieder aus der Schlinge ziehst. Ist es wahr, dass du Rudi Pinggera einen Mord angedichtet hast?«

»Ja«, sagte Capaul. »Nein. Das heißt, inzwischen hat sich mein Fokus verschoben. Chi chi va per fö perda seis bun lö. Ich glaube, der Scheunenbrand war Brandstiftung. Ich weiß auch, wer es war, und bin nahe daran, es zu beweisen. Ich müsste nur herausfinden, wann genau das Öfelchen eingeschaltet wurde. Kannst du mir da helfen?«

Jon Luca hatte ungläubig zugehört, jetzt prustete er heraus. »Du bist echt der geborene Polizist! Hör zu, wenn die Foura Chanels über einen der neuen Stromverteiler versorgt wird, ist der Verbrauch elektronisch gespeichert. Das heißt aber nur, dass man sieht, über welche Hauptleitung wann wie viel Strom geflossen ist. Jedes Mal, wenn der Schreiner seine Säge anwirft oder der Bäcker seinen Ofen, jagt das natürlich den Gesamtverbrauch nach oben.« Während er sprach, hatte er im Handy die Kontakte durchsucht, nun tippte er einen an. »Meinrad Moser, mal sehen, vielleicht haben wir Glück«, erklärte er Capaul. »Er arbeitet bei den Engadiner Kraftwerken.«

Capaul zückte den Notizblock und las nochmals den ersten Eintrag.

Und sie hatten Glück.

»Meini, eine Polizeisache«, sprach Jon Luca ins Handy. »Kannst du ablesen, ob in den Foura Chanels in Zuoz irgendwann unüblich viel Strom geflossen ist? Es geht um ein altes Öfelchen.«

»Am Freitag um Viertel nach zwölf ist die Leitung gekappt worden, ab dann müsste wieder alles normal sein«, sagte Capaul.

»Meini, hast du gehört?«, fragte Jon Luca. »Bis wann? Du kennst die Polizei, immer alles sofort. Gegen eine Flasche Wein, geht klar.« Nachdem er aufgelegt hatte, sagte er zu Capaul: »Der gute Junge steigt für dich extra noch mal aus dem Bett. Zwei Flaschen sollte dir das wert sein.«

»Gern«, sagte Capaul, »ich denke nur, das ist verboten. Gisler hat gesagt ...«

»Gisler«, lachte Jon Luca. »Wenn wir arbeiten würden, wie Gisler sich das vorstellt, hätten wir im Tal nur noch Feinde. Man kennt sich nun mal, viele sind unsere Kumpels, wieso sollte sich das ändern, nur weil wir Uniform tragen? Mir könntest du übrigens auch ein Glas anbieten. Roten bitte.«

»Natürlich«, sagte Capaul und sprang auf. »Wird Monika nicht sauer?«, fragte er, während er zwei Gläser von Bernhilds Besserem einschenkte. »Du wolltest nur ein paar Minuten weg sein.«

»Doch, vielleicht.« Jon Luca schickte ihr eine Nachricht, dann setzte er das Glas an und verzog das Gesicht. »Für Meini aber bitte nicht solchen Fusel.«

Capaul versprach es.

Danach plauderten sie sehr nett über Griechenland. Jon Luca hatte Monika zu griechischem Essen ausgeführt, Capaul seinerseits kannte drei Lieder von Demis Roussos auswendig. Sie hatten im Sterbehospiz zu den absoluten Rennern gehört: *Good bye, my love, good bye*, *Komm in den Garten der tausend Melodien* und *Ich hätte dich heiraten sollen*.

Als Meini zurückrief, übten sie gerade den Sirtaki. Jon Luca stellte das Handy auf laut.

»Also«, sagte Meini, »am Freitag sechzehn Minuten nach zwölf sehe ich den Einbruch im Strombezug.«

»Da hat die Feuerwehr den Stecker gezogen«, sagte Capaul.

»Gut möglich. Ein entsprechend starker Anstieg ist für die Nacht davor verzeichnet, Freitag früh um zwei Uhr dreißig. Dreiunddreißig, um genau zu sein. Reicht euch das?«

»Da wurde das Öfelchen also eingeschaltet. Lässt sich der Verbrauch noch genauer lokalisieren?«

»In der Untergasse«, sagte Meini.

»Ist das, wo Rainer Pinggera wohnt?«, fragte Capaul.

»Keine Ahnung«, sagte Meini.

Doch Jon Luca nickte. »Die Untergasse, das sind nur zwei Häuser.«

Nachdem er Meini verabschiedet hatte, schrieb er seine Handynummer auf einen Bierdeckel und erklärte: »Keine Ahnung, Capaul, was du da treibst. Aber bevor du ein Risiko eingehst, ruf die Polizei an.« Er sagte das sehr freundschaftlich, und zum Abschied umarmte er Capaul und klopfte ihm den Rücken.

Nachdem Capaul hinter ihm zugesperrt hatte, goss er sein halbvolles Glas in den Ausguss, notierte für Bernhild *2 Gläser Tafelwein konsumiert* und wollte schlafen gehen. Vor dem Bad kreuzten sie sich, Bernhild wollte gerade zur Toilette.

»Du stinkst nach Puff«, bemerkte sie.

»Wie riecht es im Puff?«

»Wie soll ich das wissen? Jedenfalls benutzt da jemand ein sehr billiges Parfum.«

Capaul ging davon aus, dass es Annamarias war, doch weil sein Bedürfnis, sie zu beschützen, auch vor Bernhild nicht haltmachte, antwortete er: »Was du riechst, ist das Aftershave eines Polizisten, und dazu eines sehr netten«, und ging in sein Zimmer.

Er träumte fast denselben Traum wie zwei Nächte davor, wieder schlug er Rudi in einem Rennen. Nur bestritt diesmal nicht Cucu die Siegerehrung, sondern die rote Katze, und sie hängte Capaul statt einer Medaille eine tote Maus um. Rudi als Zweitplatzierter hatte es besser getroffen, sein Trostpreis bestand aus einem Kübel Skiwachs.

Die Maus an Capauls Hals war offenbar doch noch nicht tot. Sie begann zu zappeln und warnte Rudi: »Nicht alles auf einmal schlecken, denk an deine Leber.«

Die Katze relativierte: »Vier Gramm, gut gewogen, dürfen es schon sein.« Dann biss sie der Maus den Kopf ab, und Capaul hatte Ruhe.

Am Morgen genoss er es, in die saubere Wäsche zu steigen, sie war nun auch gut durchgetrocknet. »Man ist ein ganz anderer Mensch«, sagte er laut zu sich.

Vielleicht wegen dieses kleinen Hochgefühls erwartete er eine Limousine oder zumindest ein Taxi, als er kurz vor sechs Uhr, in noch völliger Finsternis, Rudis Hemdenbox aus dem Chrysler holte und zur Straße trug. Vor dem Wassermann patrouillierte jedoch ein vielleicht sechzehnjähriger Junge. Er rauchte nervös. »Massimo Capaul?«, fragte er, als er ihn kommen sah.

Capaul nickte. »Ich muss noch irgendwo Sonnencreme kaufen.«

Aber der Junge verstand kein Deutsch oder tat zumindest so. Er mimte einen Autofahrer und fragte: »Inua?«

»Was, fahren wir mit meinem?«

»Inua?«, wiederholte der Junge. Das hieß wohl: Wo?

»Im Hof.«

Capaul ging vor dem Jungen her zum Chrysler und verstaute die Hemden wieder im Kofferraum, dann schloss er die Türen auf.

Der Junge flegelte sich auf den Beifahrersitz. »San Murezzan«, sagte er und zündete die nächste Zigarette an.

Capaul fiel ein, dass er das Pfefferspray nicht eingesteckt

hatte. »Das ist ein Nichtraucherauto«, bemerkte er vergeblich, und als er das Fenster öffnete, kurbelte auch der Junge seines herunter, pfiff einem Straßenfeger und rief ihm etwas zu, das Capaul als: Sieh mal, ich habe einen Chauffeur, interpretierte.

Nachdem sie St. Moritz erreicht hatten und der Junge ihn durchs Dorf hinauf zur Talstation der Corviglia-Bahn gelotst hatte, betonte Capaul nochmals, dass er gern Sonnencreme kaufen würde.

Allerdings erwartete sie an der Treppe schon ein Servicemann. »Capaul? Haben Sie die Hemden?«, fragte er.

Die waren noch im Auto. Capaul holte sie. Weil er niemanden gern warten ließ, beeilte er sich und verpasste so den Moment, nach Sonnencreme zu fragen. Der Junge war inzwischen verschwunden, der Servicemann setzte Capaul in die Bahn und verschwand auch. Capaul war der einzige Gast, vermutlich fuhr die Bahn überhaupt nur für ihn. Inzwischen war es Tag, und die Aussicht war, nachdem die Bahn erst den Wald verlassen hatte und den nackten, kahlen Berghang erklomm, auch hübsch, nur leider sah er, wohl aus Müdigkeit, doppelt und zog es vor, die Augen geschlossen zu halten.

An der Bergstation, einem zitronengelben Neubau, empfing ihn eine kleine ältere Frau mit schwarzer Sonnenbrille und dicker Daunenjacke, sie sah aus wie ein aufgeplusterter Spatz.

»Kommen Sie«, befahl sie und marschierte so zackig vornweg, dass er regelrecht traben musste. Der sperrigen Hemdenkiste wegen sah er dabei den Weg direkt vor seinen Füßen nicht und rutschte zweimal aus.

Erst bei der Gondelbahn wartete sie.

»Kann ich bei Ihnen Sonnencreme bekommen?«, fragte er, als er sie atemlos erreichte.

»Nicht nötig«, erklärte sie mysteriöserweise. »Einsteigen.«

Wieder war er allein. Nun sah er klar, nur stach seine Lunge. Dennoch, das Panorama war gewaltig und der Sonnenaufgang so strahlend, dass ihm dafür nur das Wort »Gottesdienst« einfiel. Je höher die Gondel schwebte, umso weiter sah er das Engadin hinab und empor Richtung Malojapass. Die Seen leuchteten tiefgrün, daneben und darüber erhoben sich Berge in allen möglichen Schattierungen von strahlendem Weiß bis Tiefschwarz. Wie klein doch der Mensch war angesichts dieser maßlosen Verschwendung von Schönheit und Reichtum. »Sechstausend Fuß jenseits von Mensch und Zeit«, murmelte er immer wieder und glaubte jetzt erst Nietzsches Ausspruch wirklich zu begreifen. »Was für ein Geschenk für jeden Menschen, einmal inmitten von alldem sein zu dürfen«, sagte er sich.

Gleich darauf fiel ihm sein Traum wieder ein. »Arme Maus«, dachte er, und ihn gruselte vor ihrem Schicksal. Doch angesichts der Fülle um ihn herum konnte er auch hier bald nur noch Positives sehen, sagte sich, dass sie immerhin zwei Leben gehabt hatte, und wenn sie auch nie auf den Piz Nair gefahren war, wer wusste schon, was so eine Maus im Kleinen an Schätzen entdeckte und wessen Leben schlussendlich das reichere war.

Der Gedanke half ihm auch, gelassen zu bleiben, als die Bahn beim letzten Pfeiler vor der Bergstation überraschend anhielt. Eine Art Straße zog sich unter ihm durch den Schnee. Erst machte er sich keinen rechten Reim darauf, dann begriff er, dass er auf die Skipiste hinabsah, vermutlich sah er direkt auf die legendäre Hahnenseeabfahrt.

Pfeifend spazierte er in der Gondel von einer Seite zur anderen, um überall die Aussicht zu bewundern, als eine verzerrte Stimme im Lautsprecher befahl: »Steigen Sie aus.«

Er fuhr zusammen. Um Lockerheit zu demonstrieren, fragte er: »Wie denn, etwa durch die Dachluke?«

Doch die Tür öffnete sich bereits und gab den Weg auf eine Plattform frei, von der eine schmale Blechtreppe, eine bessere Bautreppe, im Zickzack bergaufwärts führte. Dort oben, auf einer Mauer oder Steinterrasse, erahnte er Rudi. Dieser formte die Hände zum Trichter und rief: »Nicht faul, Capaul.«

Er nahm die Hemdenschachtel und stieg aus. Ihm wäre wohler gewesen, er hätte eine Hand frei gehabt, um sich am Geländer festzuhalten. Andererseits wäre ihm die womöglich festgefroren, es ging ein eisiger Wind. Capaul zählte die Stufen, plus/minus hundertneunzig, dann hatte er Rudi erreicht.

Der amüsierte sich. »Sind das etwa meine Hemden? Wozu schleppen Sie die hier hoch?«

»Waren wir nicht beim Du?«, fragte Capaul zurück. »Der eine Mann hat mir gesagt, ich soll sie mitnehmen.« Er wollte sie Rudi in die Hände drücken, doch der sagte nur: »Was soll ich hier damit? Du hättest sie an der Talstation abgeben sollen.«

»Dann trage ich sie eben wieder runter«, sagte Capaul und stellte die Schachtel zu Boden. »Und was tun wir hier?«

»Was mich angeht, so musste ich noch ein paar neuralgische Stellen kontrollieren, der Winter kam früher als erwartet«, erklärte Rudi. »Dir wollte ich ein einmaliges Erlebnis verschaffen. War die Fahrt bei Sonnenaufgang nicht zauberhaft? Das ist nur ganz wenigen vergönnt.« Dann reichte er Capaul etwas wie ein Pferdegeschirr in Signalorange. »Hier, zieh das an.« Er half Capaul, dann hakte er das Geschirr am Sicherungsseil fest. »Das Beste hast du noch vor dir, komm.«

Er schob Capaul zu einer Kante, über der sich ein Banner spannte. »Der berühmte freie Fall, der steilste Starthang der Welt. Mein Freund Russi hat ihn gebaut, das heißt, ich nenne ihn Hardy, er mich Pinggy. Komm, nicht scheu, du musst dich vorbeugen, sonst fühlst du es nicht. Der freie Fall ist keine bloße Behauptung, die Fahrer beschleunigen hier in sechs Sekunden von null auf hundertvierzig km/h. Da wird sogar den Cracks der Mund trocken.«

»Potztausend. Bist du da auch runtergefahren?«, fragte Capaul.

Rudi zuckte vielsagend mit den Schultern. »Gibt es etwas, das ich nicht getan habe? Na los, einen Schritt vor, oder bist du feige?«

»Dann wollen wir mal«, antwortete Capaul, und weil er sich sagte, dass wohl nirgends auf der Welt so rigorose Sicherheitsstandards galten wie in der Schweiz, warf er sich mit seinem ganzen Gewicht nach vorn. Außerdem konnte Rudi den Karabinerhaken nicht ausklinken, solange er ihn voll belastete.

»Oho«, rief Rudi erschrocken, fasste nach ihm und hätte beinah selbst das Gleichgewicht verloren.

Wirklich war die Sicht abwärts beeindruckend, doch das Sicherungsseil schnappte wie ein Autogurt sofort ein, Capaul hing nur in der Diagonalen, die Füße nach wie vor auf der Kante. Er fühlte sich wie ein Skispringer.

»Du bist durchgeknallter, als ich dachte«, stellte Rudi fest, während er ihm zurückhalf.

Capaul ging darauf nicht ein. »Was geschieht nun eigentlich mit dem Haus deines Onkels?«, fragte er. »Es ist nur, weil ich eine Wohnung suche.«

Rudi lachte. »In dieser Bruchbude kann man keinen wohnen lassen. Und wie war das Gefühl, da draußen zu hängen?«

»Ich freue mich vor allem auf unseren Hubschrauberflug«, sagte er. »Und ja, es wäre eine Herausforderung, im Haus deines Onkels zu wohnen, aber wenn man all die kleinen Fallen sportlich nimmt, hat es durchaus seinen Reiz.«

Rudi musterte ihn mit verkniffenem Blick. »Aus dir soll einer schlau werden«, sagte er. »Aber ich muss jetzt runter, um neun fliege ich mit Geschäftsfreunden nach Zermatt. Für dich ist leider diesmal kein Platz.«

»Kein Problem«, sagte Capaul, während er sich mit Rudis Hilfe aus dem Halfter zwängte, und nahm die Hemdenschachtel wieder auf. »Ich bin immer noch dabei, den Stallbrand bei deinem Onkel zu klären.«

»Ach, jetzt ist es also wieder ein Stallbrand«, sagte Rudi und ließ ihm den Vortritt. »Letztes Mal ging es noch um Mord. Und bist du nicht suspendiert?«

»Oh, ich glaube schon, dass es Mord war. Nur lässt sich der leider nicht beweisen, der Mörder ist zu klug.«

»Was, der perfekte Mord? Ich dachte, der gelingt keinem. Da bin ich aber gespannt.«

»Hat dir Dr. Hauser denn nicht davon erzählt?«

»Das Beste hat er mir offenbar vorenthalten. Ich weiß nur, dass du dich bei ihm in abstrusen Theorien verstiegen hast, dass er dich aber schnell davon überzeugen konnte, dass du damit nur unnötig Schaden anrichtest.«

Capaul schwieg, bis sie wieder bei der Gondel waren, denn der Abstieg mit den Hemden war noch mühsamer als der Aufstieg.

Auf der Plattform schob Rudi sich an ihm vorbei und drückte den Türknopf. »Verrätst du mir jetzt, wie der geniale Täter gehandelt hat?«

Sie betraten die Gondel, Capaul stellte die Schachtel ab. Rudi kommandierte: »Giò!« Sofort setzte die Bahn sich in Bewegung.

»Gleich«, antwortete Capaul und tippte sich an die Nase. »Habe ich mich übrigens wieder verbrannt?«

»Nein, oder nicht wesentlich. Und nun lass mich nicht länger zappeln.«

XVII

Alles hätte auch ein Unfall sein können«, sagte Capaul. »Und er musste auch nicht zwingend sterben, unter Umständen hätte eine gröbere Verletzung dasselbe Resultat erbracht. Gelegenheiten dazu hatte dein Onkel viele: das defekte Klo, die nackten Drähte an der Lampenfassung, das morsche Geländer. Das Regenwasser den Draht entlang an die neuralgische Stelle zu leiten war sehr geschickt.«

»Moment, das geht mir zu schnell«, sagte Rudi. »Welches Resultat? Was für ein Draht?«

Capaul lachte ihn offen an. »Weißt du, was ich glaube? Du und dein Onkel, ihr habt ein Spiel gespielt. Oder wie sagt man im Sport? Ihr seid gegeneinander angetreten. Natürlich war es kein fairer Kampf, mehr wie ein Stierkampf. Die Frage war nicht, wer stirbt. Natürlich stirbt der Stier, oder in diesem Fall der Kuckuck. Die Frage war: Wie wird er erlegt? Ein Nachmittag in der Hitze des Öv in painch mit keinem anderen Getränk als einer Flasche verschwefeltem Wein, ein zusammenkrachender Schrank, ein Sturz vom Schemel ... Hier allerdings kam Fadri dazwischen. Gut, dass er verreist war, als der Stall brannte. Hast du lange darauf warten müssen?«

Rudi hörte fasziniert zu. »Dann war das auch ein Mordanschlag?«, fragte er. »Zu dumm, dass ich mit Kundschaft in Zermatt war, als das Feuer ausbrach.«

»Ja, dein Alibi ist wasserdicht«, gab Capaul zu, »du bist eben wirklich ein Champion. Auch dass du es nicht für nötig gehalten hast, die Dafalgan-Schachtel aus dem Haus zu schaffen, ist mehr als wagemutig. Samt Quittung und Röhrchen.«

»Wo war sie denn?«, fragte Rudi unschuldig.

»Im Wäscheofen. Vielleicht wolltest du sie verbrennen, aber die Tüte hat das Kaminloch verstopft, sodass das Feuer nicht zog. Allerdings muss man mit so was rechnen, und es wäre viel weniger gewagt gewesen, sie einfach einzustecken und irgendwo draußen in einen Abfalleimer zu werfen.«

»Ich habe nie begriffen, warum Onkelchen an diesem alten Ding von Ofen festhielt«, erzählte Rudi. »Doch ich kann mir gut vorstellen, dass dein Mörder so einfach mehr Spaß hatte. Vielleicht hatte er es auch eilig, möglicherweise waren die Sanitäter schlicht schneller vor Ort, als er erwartet hatte. Und in Eile einen fremden Ofen einzufeuern ist eine Herausforderung für sich. Aber man kann nicht damit rechnen, dass schon am nächsten Tag einer wie du kommt und mir nichts, dir nichts den Ofen ausräumt. Wie bist du auf die Idee gekommen?«

Capaul errötete. »Ich habe ein Problem mit meiner Wäsche. Dir zu Ehren trage ich heute meine letzte saubere Garnitur.«

»Ich bin geschmeichelt. Aber willst du damit sagen, du wolltest bei Onkelchen waschen?«

»Es war mehr ein Gedankenexperiment. Wenn man dauernd nach Lösungen sucht, kann man an einem Wäscheofen unmöglich vorbeigehen, ohne ihn zu inspizieren.«

Rudi lachte. »Nein? Ich könnte das ohne weiteres. Wieso lässt du nicht Annamaria für dich waschen? Aber das ist nicht unser Thema. Verrate mir noch: Welches Motiv hat der Mörder? Ist es reine Sportbegeisterung?«

»Was Annamaria angeht, so habe ich meine Wäsche immer selbst gewaschen«, erklärte Capaul. »Und ja, wirklich, vielleicht war das Motiv des Mörders rein sportlicher

Natur. Womöglich aber ging es auch um Geld. Dein Onkel sollte dazu gebracht werden, sein Haus zu verkaufen.«

»Diese Bruchbude?«

»Ich habe gehört, in Zuoz sind solche Bruchbuden leicht ein paar Millionen wert. Und du hast Schulden.«

»Was kümmert das den Mörder?«

Capaul lächelte. »Vielleicht nennt man es auch nicht Schulden, ich kenne mich in diesen Dingen schlecht aus. Du hast Leute dazu gebracht, in deine Projekte zu investieren, und sie haben Geld verloren. Das wolltest du wiedergutmachen.«

Mit diesem Satz waren sie in der Talstation der Luftseilbahn angelangt und stiegen in die Corviglia-Bahn um. Die Frau am Schalter sah sie mit großen Augen an. Rudi raunte Capaul zu: »Da siehst du, was du angerichtet hast. Die Gondeln hier haben Ohren.« Dann sagte er zu ihr: »Der Junge recherchiert für einen Roman, Emma. Wenn du Glück hast, kommst du darin vor.«

»Oh, das will ich gar nicht«, sagte sie eilig. »Aber ich muss auch wieder runter. Stört es, wenn ich mitfahre?«

»Nicht im Geringsten«, sagte Rudi.

»Prächtiges Wetter für einen Helikopterflug«, bemerkte Capaul, als sie in der Bahn waren.

»Ja, inzwischen bedaure ich richtig, dass ich dich nicht mitnehmen kann.«

»Ach was, ich freue mich gern noch etwas vor. Schieß los, was werden wir tun, wenn wir in Zermatt sind? Neben dem Skifahren, meine ich. Hauen wir irgendwie auf den Putz, oder bleibt es bei Käsefondue und einem Kräuterschnaps in der Hüttenbar?«

Rudis Blick hatte sich irgendwie verändert. Er sah Capaul an, als seien sie einander ebenbürtig oder gar Freunde. »Kommt darauf an, wofür du zu haben bist«, antwortete er.

»Was wäre denn das richtig große Programm?«

Sie durchfuhren einen kleinen Tunnel, gleich darauf kreuzten sie das Gegenfahrzeug. Rudi sah hinaus und nutzte offenbar die Zeit, um zu entscheiden, wie viel er preisgeben wollte. »Also, ich sage dir, was mit den Herren heute geplant ist, das ist der Standard«, erklärte er, als er sich ihm wieder zuwandte. »Emma, hör mal weg. Als Erstes fliegen wir auf den Gletscher, sie stemmen ein paar Bögen, und ich mache Schnappschüsse für die Familie. Dann geht's runter nach Zermatt zum Mittagessen, wir checken ein, ziehen uns um, danach wartet eine Limousine, in Täsch, weil Zermatt autofrei ist. Sie bringt uns nach Montreux, ins Souris Verte. Dort langweilen sich die schönsten Frauen Europas, und weil wir uns auf der Fahrt schon eingetrunken haben, wird es sicherlich eine fröhliche Nacht.«

»Moment, eine Limousine, mit Chauffeur?«, fragte Capaul verwundert. »Irgendwer hat mir erzählt, dass Rudi Pinggera nie im Leben einen anderen ans Steuer lassen würde.«

Rudi lachte. »Ganz so strikt bin ich nicht. Heute muss ich mitbechern, und bestimmt nicht zu knapp. Aber ja, wenn ich nur einen Gast habe, miete ich auch mal einen Lamborghini, den Countach LP400 mit Flügeltüren, und fahre selbst.«

»So was bekommt man in Zermatt?«

»Nein, aber in Lausanne, dort hat ein alter Skirennkumpel eine Vermietung. Gilbert Pascal, an den erinnerst du dich ganz bestimmt nicht. Er war nur zwei Winter lang im A-Kader, danach hatte er einen üblen Unfall. Eine Weile ist er noch Autorennen gefahren, besseres Mittelfeld. Er spielt für mich auch immer den Chauffeur.«

»Dann nehmen wir aber den Lamborghini, oder?«, fragte Capaul mit leuchtenden Augen. »Und nach Montreux fahren wir auch?«

»Meinetwegen auch nach Strasbourg, dort gibt es ebenfalls ein Haus der Spitzenklasse, und wir können den Wagen mehr ausreizen.«

Sie hatten die Talstation in St. Moritz erreicht, die Kabinentüren öffneten sich. Rudi drückte Emma eine Zweihunderternote in die Hand und sagte: »Danke, Emma, das werde ich dir nicht vergessen.«

Auf dem Weg zum Parkplatz schlug Capaul sich plötzlich an die Stirn. »Die Hemden, ich muss sie in der Gondel liegenlassen haben.«

Rudi lachte. »Du Vollidiot. Aber irgendwie kann ich dir gar nichts mehr übel nehmen.«

»Weißt du was, ich rufe Pascal an, dass er dir ein Hemd nach Zermatt bringt«, schlug Capaul vor.

»Ja, das ist eine gute Idee. Wobei das auch ich erledigen kann.«

»Nein, nein, meine Fehler bade ich schon selbst aus. Was hast du denn für eine Kragenweite?«

»38, er soll ein weißes bringen, am liebsten Valentino.« Dann sah er Capauls Auto. »Das ist dein Pferdchen? Wie putzig.« Rudi klopfte anerkennend auf den Kotflügel und ging weiter zu seinem Mercedes. Bevor er einstieg, sagte er: »Es war mir eine Freude, Capaul, und das meine ich so. Schade, dass ich dich nicht mitnehmen kann. Aber die Sache heute ist zu wichtig. Was ist dein Programm?«

»Ach, ich denke, erst mal gönne ich mir ein zweites Frühstück bei Bernhild, ich habe ja Ferien.«

»Ist das deine Vermieterin? Die ist übrigens eine richtige Furie.«

»Sie ist nur verärgert, weil sie andauernd Telefonmädchen spielen muss. Ich habe kein Handy.«

Rudi lächelte. »Capaul, du hast einfach Klasse. Und das hört selten jemand von mir.« Dann stieg er endlich ein.

Im Wassermann tagte der Stammtisch, und offenbar war er gerade Thema.

»Das ist doch ein alter Hut, alle Polizisten sind schwul«, sagte Frank gerade. »Das weiß man spätestens seit Magnum.«

»Halt, Magnum war nicht Polizist, sondern Privatdetektiv«, stellte Peter richtig.

Und ein Dritter, dessen Namen Capaul nicht kannte, rief: »Was redet ihr für einen Quatsch? Er war weder Polizist noch Privatdetektiv, sondern Schauspieler. Es war der Schauspieler, der schwul war.«

»Ihr macht mir auch alles kaputt«, klagte Bernhild, »jetzt soll sogar Magnum schwul gewesen sein?«

»Ich bin nicht schwul«, stellte Peter klar.

»Du bist auch nicht Polizist«, sagte Frank. »Vergesst Magnum. Polizisten sind immer schwul. Oder jedenfalls die mit Schnauz.«

»Capaul hat keinen Schnauz«, bemerkte wieder der Dritte.

»Na ja«, sagte Bernhild, »er ist auch noch kein richtiger Polizist.«

»Guten Morgen«, sagte Capaul und trat an den Tisch. »Bernhild, hast du vielleicht ein Telefonbuch von Lausanne?«

»Nein«, sagte sie. »Dafür das hier.« Sie hielt ihm ein kleines Nokia-Handy hin. »Mein Geschenk an dich. Es läuft allerdings auf meinen Namen, das ging nicht anders. Aber wenn dich von jetzt an jemand anruft, werde ich ihm diese Nummer geben.«

»Potztausend«, sagte Capaul. »Hat es auch einen Kompass?«

Die Männer lachten, und Peter erklärte: »Das ist kein Smartphone.«

»Aber man kann damit telefonieren«, sagte Bernhild, »und das wirst du ab jetzt tun. Nur damit.«

»Ich fange sofort damit an«, versprach Capaul und setzte sich etwas abseits, um die Auskunft anzurufen. »Ich suche die Nummer einer Autovermietung in Lausanne«, erklärte er. »Sie gehört einem gewissen Gilbert Pascal.«

»GP Car Rental Service«, sagte die Frau nach ein paar Sekunden, »das müsste es sein. Soll ich gleich verbinden?«

»Wenn das geht, sehr gern«, sagte Capaul überrascht.

Gilbert Pascal war persönlich am Apparat.

»Ich rufe für Rudi an«, erklärte Capaul ihm. »Er hat kein frisches Hemd dabei und bittet Sie, eines mitzubringen, weiß, Kragenweite 38, am liebsten eines von Valentin oder so ähnlich.«

»Valentino, biensûr, wird erledigt«, sagte Pascal in fast lupenreinem Deutsch.

»Ach, und da wäre noch was. Rudi hatte doch letztes Wochenende Ihren Lamborghini gemietet.«

Pascal zögerte, dann sagte er: »Solche Informationen sind geschützt.«

»Nicht für mich, außerdem will ich nur Schlimmeres verhindern.«

»Merde, sind Sie Polizist oder so was?«

»Ja, aber ich rufe privat an.«

»Hören Sie, ich habe den Strafzettel bekommen und werde auch bezahlen«, versicherte Pascal. »Es ist ganz normal, dass man im Lamborghini ein bisschen überzieht, die Kraftübertragung beim Gaspedal ist so direkt wie bei einem Rennwagen. Wir legen sehr viel Wert darauf, unsere Stammkunden nicht damit zu belasten. Natürlich nur, wenn es sich um eine so geringe Überschreitung handelt. Was war es hier, zwölf km/h?«

»Leider geht es hier nicht nur um eine Buße«, sagte Capaul.

Pascal schwieg kurz. »Merde«, stöhnte er abermals. »Kann man etwas drehen? Ich meine nichts Illegales, aber Rudi ist wirklich ein sehr guter Kunde.«

»Vielleicht war er es ja gar nicht«, erklärte Capaul gut gelaunt. »Ich bin dabei, das herauszufinden. Es geht um die Nacht von Freitag auf Samstag. Können Sie irgendwie zurückverfolgen, wo er da war? Oder wenigstens, wie viele Kilometer er gefahren ist?«

»Das kann ich sogar sehr genau«, versicherte Pascal eilig. »Bei all unseren Luxuswagen haben wir einen GPS-Sender installiert, der zeichnet jede Bewegung auf. Und nähert sich das Auto der Grenze, werde ich zusätzlich alarmiert, per SMS.«

»Und war das bei Rudi der Fall? War er vielleicht nach Strasbourg unterwegs?«, fragte Capaul.

Pascal schien erleichtert. »Ich sehe, Sie kennen seine Vorlieben, Sie müssen ein wahrer Freund sein. Nein, nach Strasbourg ist er nicht gefahren. Damit ist er aus dem Schneider, oder? Er fuhr Richtung Italien.«

»Schön, aber ich nehme an, man erreicht Strasbourg auch irgendwie über Italien. Es wäre besser, wir würden seinen Zielort kennen, vielleicht hat er ja dort jemanden getroffen, der die Fahrt bestätigen kann. Das wäre das Beste.«

»Warten Sie, ich sehe im Rechner nach.« Capaul hörte Pascal tippen. »Voilà, Zielort Zuoz. Um ein Uhr fünfzig war er da, um zwanzig nach zwei ist er zurückgefahren, diesmal über Bellinzona. Da wurde er auch geblitzt.«

»Großartig, wunderbar«, sagte Capaul.

»Ja? Haben wir ihn noch mal gerettet?«, fragte Pascal.

Doch bevor Capaul antworten konnte, war die Leitung tot. Er drehte das Handy in den Fingern und drückte mehrmals den grünen Knopf, nichts geschah. »Bernhild«, sagte er, »das Handy spinnt. Mitten im Gespräch hat es abgebrochen.«

Bernhild stöhnte und stemmte sich vom Tisch hoch. »Zeig her. Da steht es doch: ›Guthaben aufgebraucht‹. Wie hast du das so schnell geschafft? Da waren immerhin fünfzehn Franken drauf.«

»Ich weiß nicht, ich habe nur die Auskunft angerufen und dann jemanden in Lausanne.«

»Hast du dich etwa verbinden lassen? Dann musst du dich nicht wundern. Der Auskunftstarif läuft die ganze Zeit weiter, zwei Franken die Minute. Das weiß jedes Kind.«

»Zu blöd, und was mache ich jetzt?«, fragte er.

Bernhild zuckte mit den Schultern. »Angerufen werden kannst du immer noch, und darum ging es ja.«

»Ja. Nein. Ich muss Jon Luca erreichen. Darf ich noch mal dein Telefon benutzen? Es ist das allerletzte Mal, ich schwöre.«

»Nicht nötig«, sagte sie defensiv, »der Coop ist um die Ecke. Da kannst du neues Geld draufladen.«

»Komm schon, Bernhild«, rief Frank, »unterstütze eine aufflammende Liebe«, und das fanden auch die anderen.

»Meinetwegen«, sagte sie. »Aber es ist das letzte Mal.«

»Brennt es schon?«, fragte Jon Luca, als Capaul sich zu erkennen gab.

»Jedenfalls ist die Sache heiß«, sagte er und freute sich an seinem Sprachwitz. »Ich habe den Bericht fertig.«

»Was soll daran heiß sein?«, fragte Jon Luca. »Also schön, um zwölf bei Pachifig Döner. Wenn du eher da bist, nimm mir einen Dürüm el Hamma und eine Cola.«

Der Pachifig Döner lag nur zwanzig Schritte oberhalb des Wassermanns, es war eine Holzbaracke – ohne nennenswerte Merkmale außer der phantasievollen Speisekarte –, die aber an ein umso interessanteres Haus anstieß, mit Gewölbedach wie ein Bahnhof und einem großformatigen Fassadengemälde, das den heiligen Georg zeigte. Capaul freute sich im Vorbeigehen jedes Mal daran. Bereits kurz vor Mittag herrschte ein Gedränge, vor allem Schüler standen an, und Capaul musste die Ellbogen breitmachen, um nicht aus der Schlange gedrängt zu werden. Aber als Jon Luca pfeifend die Straße herabkam, hatte er dessen Dürüm el Hamma, pures Fleisch in Fladenbrot, ebenso besorgt wie für sich, zur Feier des Tages quasi, einen Stereo Dog, Hot Dog mit zwei Würstchen.

»Vielleicht setzen wir uns irgendwo auf eine Bank«, schlug Capaul vor, »damit niemand mithört.«

Jon Luca sah ihn amüsiert an. »Hast du eine neue Verschwörungstheorie?«

»Wart's ab.«

Sie setzten sich in den Park des Hotels Bernina. Dort fragte Capaul: »Was hältst du davon? Bericht in drei Sätzen: ›Am Freitagmittag konnte die Feuerwehr einen größeren Scheunenbrand in den Foura Chanels von Zuoz verhindern. Es handelte sich um Brandstiftung, das Opfer sollte Rainer Pinggera sein. Dessen Neffe Rudi hatte das Feuer gelegt, aus Gewinnsucht, es ging ums Haus.‹«

Erwartungsvoll sah er Jon Luca an, doch der stöhnte und rieb sich das Gesicht. »Die letzte Woche war echt streng«, sagte er. »Und riechst du den Schnee? Heute Nacht wird es schneien, und morgen haben wir hier wieder Chaos. Ich denke, Rudi war gar nicht da, als es brannte? Jedenfalls wenn stimmt, was du sagst, habe ich eine zweite beschissene Woche vor mir. Übrigens, dass mit den drei Sätzen war nur so dahingesagt.«

Das war Capaul gerade ziemlich egal. Er breitete Jon Luca alle Elemente seiner Beweisführung aus, vom präparierten Haus, der Überbrückung der Sicherung mit einem Nagel und den Brandbeschleunigern aus Rudis Besitz über Pascals Aussagen bis hin zur Tatsache, dass Rudi unterwegs von Zuoz geblitzt worden war.

Jon Luca hatte längst aufgehört zu essen. Er stöhnte immer wieder, und als Capaul sagte: »Das wär's, in groben Zügen«, fragte er: »Weißt du, was du da lostrittst?«

»Na, das Feuer habe ja nicht ich gelegt«, erwiderte Capaul fröhlich. »Außerdem trittst du es los, nicht ich, ich bin ja noch überhaupt nicht im Dienst. Aber was hältst du von der Geschichte? Immer noch Zweifel?«

»Ich wünschte, ich hätte!«, rief Jon Luca. Er nahm nochmals einen Bissen, aber der Appetit war ihm vergangen. »Brandstiftung ist ein Offizialdelikt, und vermutlich geht es ja sogar um Mord, mir bleibt gar nichts übrig, als den Staatsanwalt in Chur zu informieren. Der entscheidet, ob Rudi verhaftet wird.«

»Offen gestanden fände ich gut, es ginge nicht direkt um Mord, sonst hängt Annamaria mit drin, und das täte mir leid.«

»Das liegt nicht bei uns«, sagte Jon Luca. »Zum Glück sind wir nur Polizisten, nicht die Richter.«

»Ja, zum Glück. Irgendwie tut Rudi mir ja auch leid, anscheinend braucht er das Geld nur, weil er Leute wie Peter entschädigen wollte, die seinetwegen ihr Vermögen verloren haben. So was meinte auch Dr. Hauser, Rudi ist sozusagen das Herz der kleinen Engadiner Gemeinde, auf ihm ruht so viel Hoffnung. Vielleicht kann man unter solchem Druck gar nicht anders, als durchdrehen.«

Jon Luca lachte ihm ins Gesicht. »Nein, der Rudi denkt nicht an andere. Ihm ging es nur um seinen Profit.«

»Aber er hat doch gar nicht mitspekuliert«, wandte Capaul ein. »Er hat nur vermittelt.«

»Bei einem wie Rudi«, erklärte Jon Luca, »ist eigenes und fremdes Geld gar nicht zu trennen. Er lebt von seinen Financiers, ihr Geld ist sein Geld, zumindest solange er sie bei der Stange halten kann. Solche Leute leben blendend, sie verschieben die Kohle dauernd und bedienen sich aus allen Töpfen, keine großen Beträge, Portokosten sozusagen, aber das summiert sich. Wenn du mich fragst, war sein Problem, dass die Geldgeber nach der Olympiapleite keine Lust mehr auf ihn hatten. Sagen wir, sie haben eine Million verloren. Aus einem Haus wie dem von seinem Onkel und dem dazugehörenden Land kann er, geschickt, wie er ist, drei, vier Millionen rausholen. Mit einer entschädigt er seine Geldgeber, mit einer deckt er seine Schulden – denn ganz bestimmt hat er eine Menge Schulden –, eine halbe bekommt das Spital, eine halbe geht an die Steuern. Bleibt eine Million für ihn. Vor allem aber lecken seine Geldgeber wieder Blut und schießen neue Kohle ein, in welche Projekte auch immer. Wichtig ist nur, dass Rudi beweist, dass es sich lohnt, auf ihn zu setzen.«

Capaul brauchte einen Augenblick, um das zu verarbeiten. »Schade«, sagte er dann, »überaus schade. Dann ist er doch nur ein Lumpenhund.«

»Na ja«, sagte Jon Luca, »dieser Art Lumpenhunde verdanken wir unseren Wohlstand. An seinen Geschäften ist nichts auszusetzen, sein Problem ist nur der Onkel.« Er klatschte in die Hände, erhob sich mit einem Seufzer und sagte: »Dann will ich mal. Das war übrigens gute Arbeit, Capaul.«

Erst als Jon Luca in Richtung Revier verschwunden war, fiel Capaul ein, dass er ihm seine Handynummer hätte geben sollen, damit er gleich erfuhr, was der Staatsanwalt entschieden hatte. »Egal, schließlich hast du jetzt Ferien«, sagte er sich. Er aß seinen Stereo Dog, danach auch Jon

Lucas Dürüm el Hamma. Jetzt roch er den Schnee auch und freute sich, dass er so gar keine Kopfschmerzen hatte. Womöglich war er bereits akklimatisiert.

Dabei fiel ihm ein, dass er Jon Luca und dem Mann von den Engadiner Kraftwerken noch Wein schuldete. Nachdem er zu seinem Auto gegangen war, machte er sich auf die Suche nach Rudis Weinlabor.

Bei der Kreiselausfahrt zum Flugplatz fuhr er von der Straße und parkte. Die Gegend war das, was sie in der Polizeischule KMU-Meile genannt hatten, eine hässliche Anhäufung von Wellblechbaracken und fensterlosen Schuppen. »Wäre die Olympiade zustande gekommen, hätte es wohl bald überall entlang der Kantonsstraße so ausgesehen«, sagte er sich, denn zweifellos war das auch die Art Bauten, für die Rudi das Land zusammengeramscht hatte und in denen die Sportmannschaften ihre Werkstätten untergebracht hätten. Das Labor war nicht schwer zu finden, gleich hinter der Schreinerei stand ein vom Wetter fast schwarz gegerbter Holzbau mit Garagentor. Es hatte nicht einmal ein Schloss. Capaul schob das Tor auf und fand die drei Flaschen Château Margaux abholbereit auf dem Tisch stehen. Sie waren sogar schon eingetütet. Jon Luca und der andere würden sich freuen.

In seinem Zimmer im Wassermann holte er die schmutzige Wäsche, außerdem steckte er das Lotussamen-Kettchen seiner Mutter ein. Er hatte vor, es Luzia zu schenken, wenn sie ihn dafür waschen ließ. Vermutlich würde sie als Linards Freundin auch als eine der Ersten erfahren, wenn Rudi verhaftet würde. Pfeifend fuhr er im Chrysler nach Zuoz, unterwegs hielt er bei einer Tankstelle, um Ketten und Fensterputzmittel zu kaufen, so war er für alles gerüstet.

Als er eben wieder einsteigen wollte, sah er auf der anderen Straßenseite, beim Migrolino, Duonna Lina. Sie stieg aus einem beigefarbenen vw Käfer, den sie offenbar selbst gefahren hatte, und verschwand im Laden. Capaul rannte hinüber und ging ihr nach. Sie stand bei den Tiefkühlprodukten.

»Duonna Lina«, sagte er, »verzeihen Sie, dass ich Ihnen nachstelle. Ich habe mich einfach gefreut, Sie zu sehen.«

»Ja, ja«, sagte sie nur, vielleicht erinnerte sie sich nicht gleich, wer er war. »Können Sie mir helfen? Ich suche Schinkengipfel, bei uns im Volg sind alle ausverkauft, und ich bin nicht in der Verfassung, selbst zu backen. Jetzt kommen alle vorbei, um zu kondolieren, damit hatte ich überhaupt nicht gerechnet, schließlich war zwischen mir und Cucu nichts offiziell. Und etwas muss man doch anbieten.«

Capaul nahm für sie eine Packung aus dem Regal.

»Zwei«, bat sie, also nahm er zwei und sagte: »Ich habe ein ähnliches Problem. Ich habe für die Beerdigung nichts anzuziehen, nichts Sauberes, meine ich. Da, wo ich wohne, kann ich nicht waschen.«

»Sar Massimo, endlich fällt mir Ihr Name wieder ein«, sagte sie und schob ihn leicht zur Seite, um zur Kasse zu gelangen. »Das ist aber löblich, dass Sie zu der Beerdigung kommen. Waschen kann ich schlecht für Sie, das würde Gerede geben, aber ich habe nichts dagegen, wenn Sie die Maschine in unserem Haus benützen. Nicht regelmäßig natürlich. Soll ich Sie mitnehmen?«

»Nein, ich bin auch mit dem Auto da«, sagte er, und nachdem er ihr die Schinkengipfel zum vw getragen hatte, klopfte sie aufs Chassis und sagte: »Den hat mir übrigens Cucu vermacht. Schon zu Lebzeiten, weil er noch weniger sah als ich. Ich dürfte ja auch nicht mehr fahren, aber so langsam, wie ich unterwegs bin, schafft es jeder, noch zur Seite zu springen.«

»Wie schön«, sagte er, »ich habe auch ein Auto geerbt. Das verbindet uns.«

»Na ja, Autos erben noch so manche. Ich fahre dann jetzt los. Sie klingeln, und wenn ich den Summer betätige, gehen Sie einfach runter in die Waschküche, Waschmittel steht im Regal. Wenn Luzia etwas dagegen hat, sagen Sie, das ist mein Dank an Sie.«

»Dank wofür?«, fragte er, während er fühlte, wie ihm das Blut ins Gesicht schoss. Er hatte sich gar nie überlegt, was es für sie bedeuten würde, wenn sie erfuhr, dass Rudi an Cucus Tod schuld war und dass Capaul es aufgedeckt hatte. Dankbarkeit, ja, vielleicht. Aber es war auch möglich, dass sie es ihm übel nahm.

»Nun ja, Sie haben mir schon zweimal etwas getragen«, stellte sie fest, dann stieg sie ein und spurte noch recht schnittig in die Kantonsstraße ein.

Capaul rannte zu seinem Chrysler zurück und stieg ein. Etwas piepste unangenehm, und kurz befürchtete er, dass etwas am Wagen defekt war. Dann begriff er, dass es sein neues Handy sein musste, und nahm ab.

Es war Rudi. »Hat deine Bernhild dich aufgerüstet«, sagte er vergnügt. »Wir haben gerade eingecheckt, die Herren machen sich frisch, ich warte noch auf mein Hemd. Da dachte ich, ich sage dir mal eben, dass unser Gespräch von heute früh mich verfolgt, und zwar auf sehr angenehme Art. Irgendwie ist mir seither, als hätte ich eine verwandte Seele getroffen.«

»Aha«, sagte Capaul und spielte mit dem Lotuskettchen, das er zusammen mit dem Handy aus der Tasche seines Anoraks gezogen hatte.

»Also, was ich eigentlich sagen will: Wenn du wirklich in diese Bruchbude einziehen willst … Ich meine, wenn du solche Spielchen genauso magst wie ich … Ach, verflixt, ich weiß überhaupt nicht, wieso ich angerufen habe. Vergiss es, ja?« Gleichzeitig polterte etwas. »Hoppla«, rief Rudi, »das muss das Hemd sein. Gily ist manchmal etwas gar testosterongesteuert.« Währenddessen hatte es weiter gepoltert, nun knallte es. Capaul wunderte sich, gleichzeitig dachte er, dass er das Kettchen lieber Duonna Lina schenken würde als Luzia, nur mit welcher Begründung? Als Nächstes hörte er Rufe: »Polizei!«, und: »An die Wand!«

Rudi sagte enttäuscht: »Mensch, Capaul, musste das sein?«

Capaul fühlte plötzlich eine Leichtigkeit, wie er sie nicht kannte. »Massimo«, sagte er, während er das Kettchen zurück in die Tasche schob und den Schlüssel ins Zündschloss steckte, »nenn mich Massimo.«